Visões do Cotidiano

Culturalismo

Cláudio Lembo

Visões do Cotidiano

Manole

Copyright © 2012 Editora Manole Ltda., por meio de contrato com o Centro de Estudos Políticos e Sociais (Cepes).

Minha Editora é um selo editorial Manole.

Capa e Projeto gráfico: Hélio de Almeida
Editoração eletrônica: Departamento Editorial da Editora Manole

Dados Internacionais de Catalogação na Publicação (CIP)
(Câmara Brasileira do Livro, SP, Brasil)

Lembo, Cláudio
   Visões do cotidiano / Cláudio Lembo. – Barueri, SP : Manole, 2012. –
(Série culturalismo)

   ISBN 978-85-786-8043-5

   1. Artigos - Coletâneas 2. Terra Magazine I. Título. II. Série.

11-08007   CDD-080

Índices para catálogo sistemático:
1. Artigos : Coletâneas   080

Todos os direitos reservados.
Nenhuma parte deste livro poderá ser reproduzida, por
qualquer processo, sem a permissão expressa dos editores.
É proibida a reprodução por xerox.

A Editora Manole é filiada à ABDR – Associação Brasileira de Direitos Reprográficos.

1ª edição – 2012

Editora Manole Ltda.
Avenida Ceci, 672 – Tamboré
06460-120 – Barueri – SP – Brasil
Tel.: (11) 4196-6000 – Fax: (11) 4196-6021
www.manole.com.br
info@manole.com.br

Impresso no Brasil
Printed in Brazil

São de responsabilidade do autor as informações contidas nesta obra. A Editora Manole
manteve o estilo do autor ao longo do processo de edição da obra.

*A
Carolina,
Cristiana,
Isabela e
Lucas.*

Sumário

Por quê? XV

Capítulo 1 1
Mãos na história

Capítulo 2 4
Escolha o seu

Capítulo 3 7
É só esperar

Capítulo 4 10
A economia da fraude, nem sempre inocente

Capítulo 5 13
Fraternidade com as mulheres

Capítulo 6 16
Fim do celibato sacerdotal?

Capítulo 7 19
Cada povo com seus valores

CAPÍTULO 8 22
Duas realidades históricas

CAPÍTULO 9 25
A trindade em crise

CAPÍTULO 10 28
O juiz e sua responsabilidade

CAPÍTULO 11 31
Eleições italianas: a vitória das lideranças

CAPÍTULO 12 34
Mbaé verá Guazu, Paraguai, a Terra sem mal

CAPÍTULO 13 37
Nada muda. Só as aparências

CAPÍTULO 14 40
O cético Tocqueville ou o otimista Pangloss?

CAPÍTULO 15 43
A lição esquecida

CAPÍTULO 16 46
Crime de lesa esperança

CAPÍTULO 17 49
A lição maior do "não"

CAPÍTULO 18 52
A presença da violência

CAPÍTULO 19 55
Frustração cidadã

CAPÍTULO 20 58
A História cobra aos insensatos

CAPÍTULO 21 61
Magistratura: o eterno retorno

CAPÍTULO 22 64
Cuidado, um dia poderá ser tarde

CAPÍTULO 23 67
Campanha eleitoral e a farsa

CAPÍTULO 24 70
Lá como cá, Supremo trabalho dá

CAPÍTULO 25 73
Longa discriminação

CAPÍTULO 26 76
E as lições do John Bunyan?

CAPÍTULO 27 79
Eleições, o grande momento

CAPÍTULO 28 82
Começou, é só esperar

CAPÍTULO 29 85
Barcelona, a exuberância contida

CAPÍTULO 30 88
Hofbräuhaus

CAPÍTULO 31 91
Em jogo os direitos cívicos

X VISÕES DO COTIDIANO

CAPÍTULO 32 94
A magia democrática

CAPÍTULO 33 97
Areopagítica

CAPÍTULO 34 100
À mulher, todos os ônus

CAPÍTULO 35 103
Annus horribilis

CAPÍTULO 36 106
Inaceitável esquecimento

CAPÍTULO 37 109
No Judiciário, conquistas da cidadania

CAPÍTULO 38 112
Réquiem

CAPÍTULO 39 115
Bom exercício

CAPÍTULO 40 118
Asneiras e bom governo

CAPÍTULO 41 121
Explosão de soberba

CAPÍTULO 42 124
Eluana Englaro e o debate sobre a morte

CAPÍTULO 43 127
Castelos e tesouros

CAPÍTULO 44 130
Não vai dar certo

CAPÍTULO 45 133
Bernardina conta toda a verdade

CAPÍTULO 46 136
Amarga comemoração

CAPÍTULO 47 139
Obama perde

CAPÍTULO 48 142
Excessos perigosos

CAPÍTULO 49 145
Sociedade movediça

CAPÍTULO 50 148
Vale a fotografia

CAPÍTULO 51 151
Esta é demais

CAPÍTULO 52 154
Triste sina

CAPÍTULO 53 157
Tradição e malignidade

CAPÍTULO 54 160
Um, dois ou três

CAPÍTULO 55 163
Perigosa insanidade

VISÕES DO COTIDIANO

CAPÍTULO 56 166
Gol de placa

CAPÍTULO 57 169
A palavra justa

CAPÍTULO 58 172
Constituinte autônoma

CAPÍTULO 59 175
A direita avança

CAPÍTULO 60 178
Cosa nostra

CAPÍTULO 61 181
Conhecer para fiscalizar

CAPÍTULO 62 184
A lei como objetivo

CAPÍTULO 63 187
No recesso, aguarda-se o Ministério Público

CAPÍTULO 64 190
Um capitalismo melhor

CAPÍTULO 65 193
Liberdade de comunicação e o político

CAPÍTULO 66 196
Perderam a compostura

CAPÍTULO 67 199
Ouvintes alemães!

SUMÁRIO XIII

CAPÍTULO 68 202
Lição dramática

CAPÍTULO 69 205
Que fizeram?

CAPÍTULO 70 208
Liberdade para o novo espaço público

CAPÍTULO 71 211
Aviões e índios

CAPÍTULO 72 214
A urna

CAPÍTULO 73 217
Eleitores, a grande esperança

CAPÍTULO 74 220
Não confundir alhos com bugalhos

CAPÍTULO 75 223
Os riscos do novo capitalismo

CAPÍTULO 76 226
Mudar para pior

CAPÍTULO 77 229
Cinco de novembro/onze de setembro

CAPÍTULO 78 232
USP: uma universidade de todos

CAPÍTULO 79 235
Os presidentes e a paternidade

CAPÍTULO 80 238
Basta!

CAPÍTULO 81 241
Escravos em plena democracia

CAPÍTULO 82 244
Reagir por vergonha

CAPÍTULO 83 247
A ponta do *iceberg*

Por quê?

Lá, no século em que nasci, usava-se o lápis ou a velha caneta com pena de molhar no tinteiro para se escrever. Depois, veio a máquina de datilografar, antes mecânica e muito depois elétrica.

De repente, chegou o computador e dele para a internet foi um passo. Assustaram as gerações de ontem as novas maneiras de escrever e de transmitir o pensamento.

A primeira – e grande dúvida – consistiu em saber que fim teria a palavra impressa. O computador armazena tudo e leva o conteúdo a todas as partes do antes imenso mundo. Para que, então, registrar o pensamento pela via impressa?

Boa pergunta permite boa resposta. A escrita faz parte do inconsciente das pessoas. O papel, leve, pesado, áspero ou liso, cria uma interação com quem o manuseia. Leva a uma cumplicidade.

É assim. Mas ninguém foge à realidade e esta aponta para as formas digitalizadas de expressão da vontade. Assustam, mas se tornaram indispensáveis.

Um dia, já vivendo a distância dos fatos políticos, o jornalista Bob Fernandes, fez uma convocação: "Escreva semanalmente para o portal Terra Magazine".

Pensei e imediatamente aceitei. É a aventura dos tempos contemporâneos. Navegar pelos espaços cibernéticos é alcançar pessoas a distância e confrontar com muitas mentalidades.

A internet é espaço democrático que permite o relacionamento com pessoas desconhecidas. Ouvir críticas e conhecer desamores armazenados.

Ganha pela liberdade de expressão que concede. Falha pelo anonimato que permite. Todas as expressões são admissíveis sem conhecimento do autor.

Esse fato exige de quem se aventura a escrever, no interior dessa nova maneira de divulgação, uma capacidade de resistir a ataques, por vezes, injustificáveis. Exige a humildade de um ermitão em plena realidade virtual.

Vale, no entanto, a experiência. Trata-se de um mundo novo. Este, porém, para aqueles que nasceram em outro século, pede que o virtual se transforme em concreto. Daí este livro.

Cláudio Lembo

Capítulo 1

Mãos na história

Falsearam a História do Brasil. Por muitos anos. Ou melhor, desde o descobrimento. A liberdade só veio com a Constituição de 1988. A partir daí, jovens e experientes pesquisadores lançaram-se na tarefa de revisar os escritos. O produto é significativo.

Falsearam a História do Brasil. Por muitos anos. Ou melhor, desde o descobrimento. Sempre foi descrita de maneira a gratificar os poderosos de plantão. A verdade pouco importou.

Nos longos anos coloniais, a presença de escritores vinculados às ordens religiosas ou aos padres seculares obstava captação crítica da realidade.

Raros os autores independentes nesse período. Ainda porque, impossível o livre relato no domínio da Inquisição. Tudo devia se conformar com as diretrizes impostas pelos dois reinos, simbolizados pela espada e pelo altar.

No Império, particularmente no Primeiro Reinado, a situação ainda se apresentava turva. Brasileiros e portugueses se confrontavam, sem nítida compreensão dos episódios em curso.

No Segundo Reinado, graças à liberdade de expressão incentivada por D. Pedro II, começa a se clarificar o quadro dos acontecimentos políticos. Os inúmeros jornais existentes na Corte e nas províncias registraram a verdade de cada um.

Tudo terminou com a República. Os republicanos positivistas mostraram rigor na censura e não titubearam em recolher os adversários nas fortalezas na baía da Guanabara. Um jacobinismo caboclo se instalou.

O mau costume permaneceu mesmo nos ciclos democráticos. A deformação da realidade tornou-se hábito nacional. As elites, instaladas nas poucas cidades, dominaram o pensamento.

A conseqüência: acontecimentos em versões de conformidade com os interesses de alguns poucos. Forjaram-se heróis. Cunharam-se figuras. Alimentaram-se idéias vazias.

Os reflexos na grande sociedade mostraram-se frágeis. Nunca ocorreu efetiva vibração popular em torno das personagens idealizadas pelas máquinas governamentais. Restringiam-se os cultos a meras cerimônias oficiais.

Esse distanciamento, entre a história e os acontecimentos, sempre foi captado pela sensibilidade coletiva. Os livros didáticos, dedicados a História pátria, constituíam-se em um amontoado de nomes e de datas.

Esses nomes e datas, quando muito, eram decorados, mas jamais interiorizados. Não criavam o verdadeiro civismo capaz de amalgamar pessoas em torno de valores nacionais.

Os anos posteriores a 1964 ampliaram o distanciamento. Deformações em todos os sentidos. A economia transmudou-se em espetáculo. Nem sempre pura nas intenções, ergueu-se a oposição como baluarte de todas as virtudes.

E assim, durante quinhentos anos, as deformações se acumularam. Em todo esse longo período, faltou o essencial: liberdade. Bastou a abertura, simbolizada pela Constituição de 1988, para uma grande mudança.

Jovens ou experientes pesquisadores lançaram-se na tarefa de revisar a História do Brasil. O produto é significativo. Ótimos trabalhos. Recolheram-se fontes primárias. Boas reflexões surgiram aos borbotões.

Todos os cenários da civilização brasileira submetem-se a trabalho de garimpo. Capta-se a seiva profunda da nossa caminhada. Os grandes sofrimentos e os atos ignominiosos recolhidos. Nada é esquecido.

Cada personalidade é esmiuçada em seus atos pessoais e em seus momentos de afirmação. Não se forjam mais heróis. Recolhem-se os dados das mais variadas figuras da nossa História.

O resultado é surpreendente. Hoje, pode-se conhecer as idiossincrasias de cada figurante das muitas cenas e, ainda, os costumes e comportamentos, nas várias épocas, da maioria silenciosa: o povo.

Nesse processo de reavaliação, a sociedade saiu-se muito bem. Suportou agruras incomensuráveis. Venceu barreiras sociais aparentemente intransponíveis. Apesar do egoísmo de poucos privilegiados, moldou-se uma nacionalidade.

Aos descrentes, uma missão. Procure uma biblioteca pública ou uma livraria tradicional ou virtual. Encontrará um acervo valioso do Brasil real. É edificante. Há leituras que permitem compreender o presente e elaborar o futuro.

Passa-se a acreditar em nossa capacidade de continuar a erguer uma sociedade melhor. Mais preparada para enfrentar desafios. Basta ler. Depois, fechar os olhos e meditar sobre a obra de nossos antepassados.

Eles venceram o trópico e preconceitos de todas as naturezas. Foram fortes e tenazes. Apresentam-se como bons fundamentos para o futuro.

8 de janeiro de 2008

Capítulo 2

Escolha o seu

Há várias fórmulas e aromas para a reforma política. Entretanto, esquece-se que os partidos estão esgotados. Incapazes de conceber políticas públicas. Aqui e no exterior.

Determinados temas ingressam e se afastam da pauta jornalística, em ciclos descontínuos. Permanecem-se, porém, sempre subjacentes. Entre esses, em cada temporada, um merece mil formulações. Todas coerentes.

Quando parlamentares discutem o tema, o debate se acalora. Não chegam jamais ao consenso. Em mesa de bar, cada interlocutor levanta sua opinião e, nem depois da "saideira", elas convergem.

O assunto tão polêmico?

A reforma política. Existe quem defenda o modelo alemão. Repousa em dois votos: no candidato e outro no partido. O primeiro pessoal e subordinado à técnica majoritária. O segundo, voto conferido à legenda, apurado pela forma proporcional.

Logo alguém levanta a fórmula espanhola. O voto de lista fechada. Vale o candidato de maior prestígio partidário. As oligarquias se mantêm intocáveis. O tempo passa e elas ficam.

O último projeto de reforma partidária, lá na Câmara dos Deputados, propôs o voto em lista fechada, utilizando o sistema proporcional. A iniciativa, no entanto, foi arquivada. Levantou-se obstáculo regimental.

Há outra vertente no debate. O financiamento das campanhas. Ainda aqui, cada um tem sua razão. Dinheiro público leva a uma aparente igualdade entre os candidatos concorrentes. Dinheiro privado não onera a cidadania.

E candidaturas independentes? Os competidores podem fugir das amarras partidárias e suas máquinas de dominação. O individualismo das candidaturas independentes não forma agremiações sólidas. Contestam.

Caleidoscópio infinito. Nunca se chegará à posição que atinja os objetivos cívicos ou pessoais de cada contendor. O melhor? Deixar como está. O sistema eleitoral tem história. Possibilitou avanços na representação popular.

Ainda mais. Cada sociedade deve captar e aperfeiçoar os institutos conforme sua própria identidade e tradições. Um mecanismo, com quase cem anos, já foi testado e se adaptou à sensibilidade cidadã brasileira.

Agora, porém, surge uma novidade entre os partidos políticos. Genial. Diferente. Cada agremiação poderá contar com um novo instrumento para conquistar adeptos na medida do figurino de seus militantes.

Em grande lançamento, o Partido dos Socialistas da Catalunha ofereceu aos seus filiados a possibilidade de usar água de colônia com as fragrâncias alusivas aos propósitos doutrinários.

O perfume socialista conta com as fragrâncias próprias dos objetivos da agremiação: confiança, igualdade, progresso e eficácia (sic). Complicado. Muitos aromas para um só partido.

Os marqueteiros nacionais, tão sensíveis e atilados, no futuro pleito municipal, certamente recorrerão ao novo recurso. Um cheiro peculiar para cada partido e candidato.

O PSDB, com seu conhecido internacionalismo, se reportará a Paris. Lá, na Cidade Luz, escolherá o melhor aroma do socialismo déjà vu. Fino. Discreto. Aristocrático.

O DEM optará por algo local. Ingredientes recolhidos na flora nativa. Difícil escolher a região de origem da essência. Antes, um partido tipicamente nordestino poderá optar pela flora do centro-oeste.

O PTB, partido dos trabalhadores urbanos, terá que percorrer as lojas especializadas. São tantas. Em São Paulo, há rua específica do setor. Oferece todas as essências.

O PDT voltará às suas origens. Lá, nos Pampas, nas cuias de chimarrão recolherá perfume forte. Próprio para pugnas. Ou, nas churrascadas ricas de prendas e peões.

Imensos problemas enfrentarão os marqueteiros do PT. Depois do mensalão, escolher aroma para a agremiação será difícil. Aos publicitários a indagação: Aroma sutil ou odor agridoce?

Os novos partidos escolherão fragrâncias voláteis. Mutáveis como a identidade partidária de seus integrantes. Trânsfugas contumazes, sempre em mudança na busca da legenda mais propícia.

É melhor que não se adote o novo instrumento de comunicação. As confusões estão no horizonte. O prazer do olfato pode se transformar em exercício desagradável. Até repugnante.

Os partidos estão esgotados. Incapazes de conceber políticas públicas. Aqui e no exterior. Lançam-se em expedientes superficiais. Esquecem as lutas de seus antepassados. Não prevêem o futuro.

Pela frente, só riscos. É bom parar com a imaginação excessiva. Acaba em chalaça. Descrédito geral.

Em tempo: A Escola de Samba Rosas de Ouro lançará o perfume: Rosaessência – "O Eterno Aroma", durante seu desfile no sambódromo paulista.

29 de janeiro de 2008

Capítulo 3

É só esperar

Dois grandes debates começaram na Espanha: um sobre matrimônio entre homossexuais e outro sobre o aborto. Temas comuns a todas as sociedades e, pelos sentimentos comuns a brasileiros e espanhóis, chegarão até aqui, em breve, com exaltação.

Uma onda de conservadorismo avança pela Europa. A chegada de imigrantes de todas as partes, particularmente da África e Ásia, estimula o nacionalismo e as práticas retrógradas.

Avança-se para temas preocupantes e, por vezes, capta-se certa nostalgia dos anos da década de 30. Aqueles que viram a imposição dos mais perversos regimes políticos.

O primeiro tema dos conservadores concentra-se na presença de outras culturas no espaço das nações consolidadas, após séculos de lutas intestinas e guerras externas.

Desde suas mais remotas raízes, a Europa considera-se cristã e detentora de todos os valores advindos do cristianismo. A presença de comunidades exóticas e de religiões diferentes gera um sentimento de perda.

Os imigrantes, por seu turno, procuram conservar, por auto defesa, seus hábitos e esses ferem a estética dos padrões europeus. O conflito emocional é inevitável, particularmente nas amplas camadas de classe média.

8   VISÕES DO COTIDIANO

Apesar das preocupações, continua o ingresso de imigrantes por toda a Europa ocidental. A abertura plena das fronteiras, entre o Leste e Oeste, ampliaram os contingentes humanos em deslocação.

Os habitantes dos antigos satélites da União das Repúblicas Socialistas Soviéticas, agora detentores da liberdade de ir e vir, deslocam-se por toda a parte e ocupam postos de trabalho nas áreas de serviços não qualificados.

A esses ingredientes, somam-se históricos conflitos regionais capazes de proporcionar atitudes irracionais e violentas, no interior dos estados soberanos.

Esses ingredientes, por si só, são capazes de produzir uma histeria nacionalista e vontade de retorno a governos fortes ou autoritários. As democracias permanecem estáveis. Mas vivem situações complexas.

A par dos problemas arrolados, outros se colocam. A sociedade contemporânea, por toda parte, trouxe ao debate temas mascarados pela hipocrisia ou por falsos dogmas consagrados.

Na Espanha, onde ocorreram eleições no próximo mês de março, as vontades encontram-se exasperadas. Cruzam-se posições de elevado antagonismo e essas definem os campos com absoluta clareza.

Os dois maiores partidos espanhóis – Partido Socialista dos Trabalhadores Espanhóis (PSOE) e o Partido Popular (PP) – agasalham as pessoas e suas opiniões de maneira precisa.

Eles são herdeiros das grandes correntes políticas que marcaram a História dos espanhóis, antes da tomada do poder pelo franquismo. Em linguagem democrática, hoje, vocalizam o pensamento de seus antepassados.

Nessa vocalização, na procura de temas de vanguarda, os socialistas trouxeram ao debate político dois assuntos explosivamente violentos, particularmente em uma sociedade fortemente marcada pela religião.

Levaram os socialistas a debate, assunto sensível e complexo: o matrimônio entre homossexuais. A palavra matrimônio foi o estopim do conflito.

Os etimólogos demonstram que a palavra matrimônio leva como raiz o vocábulo mater. Ora, advertem, só pode ser mãe a pessoa do sexo feminino. Seria uma contradição admitir em casal composto por homens a presença da maternidade.

Só conferem, pois, validade ao casamento em sua finalidade biológica. Afastam-se de um matrimônio de natureza afetiva. Não permitem, assim, uma interpretação ampla do instituto.

O outro tema capaz de causar um tsunami, encontra-se na liberação do aborto. Os socialistas defendem uma posição mais livre, enquanto os populares mostram-se contrários à prática.

Os dois assuntos, de maneira especial o segundo, ou seja, o aborto, conflitam de maneira frontal com a hierarquia católica, e essa na Espanha ainda possui presença concreta na sociedade.

Na última semana, os bispos católicos, sem definir precisamente as suas posições, salvo com referência ao terrorismo, colocaram-se tangencialmente contra o atual governo e seu partido.

O Estado Vaticano será chamado a intervir na polêmica entre a hierarquia católica e o governo laico. Tudo às vésperas de uma nova concordata entre o Reino da Espanha e o Vaticano.

Complica-se, pois, a situação. Há experiências a se recolher. Serão úteis para o contraditório que ocorrerá, em breve, com mais intensidade, entre os brasileiros.

Os temas presentes no contemporâneo dos espanhóis são comuns a todas as sociedades e, pelos sentimentos comuns a brasileiros e espanhóis, chegarão até aqui, em breve, com exaltação. É só esperar.

7 de fevereiro de 2008

Capítulo 4

A economia da fraude, nem sempre inocente

Capitalismo. Sistemas de Mercado. Não importa o nome. A essência é a mesma e o conteúdo idêntico.

Quando as primeiras atividades econômicas, lá nas cidades marinheiras da Itália, começaram a se desenvolver com mais intensidade, nascia o capitalismo.

Nos primeiros tempos, o capitalismo mercantil, a mera troca de objetos entre os habitantes da bacia mediterrânea. Depois, ao norte, os ingleses implantaram o capitalismo industrial.

A caminhada do capitalismo prosseguiu. Nos tempos contemporâneos emergiu o capitalismo financeiro, sem rosto e sem pátria. Como correntes marítimas, movem-se os fluxos financeiros, com mero fito de lucro.

A palavra capitalismo tornou-se sinônimo de pecado: o pecado da usura. No jargão diário, impunha-se sua substituição. Fora marcada pela tenacidade de Marx e pelo áspero estilo de Engels.

Acadêmicos foram convocados. Especialistas em comunicação cooptados. Surgiu o novo nome do capitalismo, expressão com conotação pejorativa. Sinônimo de exploração do homem pelo homem.

Criou-se a expressão sistema de mercados. A todos confundiu. Os velhos senhores – titulares absolutos de suas propriedades – ou os detentores de moeda sentiram-se aliviados. Já não eram apodados de capitalistas.

Parece ingênuo. No entanto, com a adoção da nova denominação – sistema de mercados – para velhas práticas, o capitalismo, em suas três configurações, desenvolveu-se geometricamente. Derrubou muros ideológicos e regimes políticos.

No interior do sistema de mercados, plasmaram-se novas formas de captar a realidade. As pessoas preferem crer naquilo em que convém acreditar. O sistema de mercados recolheu essa verdade e agiu.

Expandiu-se o uso de técnicas altamente sofisticadas de convencimento. Surgiu uma realidade alienada. As pessoas passaram a acreditar em toda mensagem publicitária. Belas imagens e sensação de bem estar.

Dois outros temas complementam o anterior. A idéia de segurança e de previsibilidade. As instituições do mercado sempre se mostram firmes como rochas. Os economistas a tudo prevêem.

São falácias. Nada sólido. A fragilidade mostra-se inerente à condição humana. A previsibilidade mera função subjetiva. As mutações dos acontecimentos são caleidoscópicas.

Os últimos episódios verificados na França, mais particularmente os que atingiram o banco Société Genérale, expõem dramaticamente a verdade das afirmativas já expostas.

Dirigido por uma personalidade brilhante e brutal, hábil e arrogante, segundo a imprensa francesa, aquele banco sofreu fraude inadmissível. Falharam os mais comezinhos controles internos de segurança.

Praticada por um jovem operador de 31 anos, a fraude atingiu a cifra de 4,9 bilhões de euros. Destruiu a imagem de um dos símbolos do sistema de mercados daquele país.

Antes, nos Estados Unidos, a busca desenfreada de bons índices de desempenho levou bancos tradicionais a concederem empréstimos hipotecários sem cuidados. Brotou a iliquidez.

Crise nos Estados Unidos com proporção mundial. Desfaçatez na França com repercussão intensa em todo o sistema financeiro. São precedentes que incomodam.

Mostram que o sistema de mercados, como aponta John Kenneth Galbraith, em sua obra La economia del fraude inocente, vive episódios repletos de fragilidades morais. Essas levam à explosão, aqui e ali, de situações como a da França e a americana.

Uma série de reflexões surge. A primeira indica a necessidade da presença de autoridade pública no controle do mercado. Os economistas neoliberais partiram da falsa premissa da bondade infinita das pessoas.

Erraram. As pessoas agem de acordo com seus interesses imediatos. Esses comumente estão em desacordo com os valores coletivos. Daí a importância de controles externos ao sistema de mercados.

A segunda reflexão exige um olhar sobre a empáfia dos operadores de mercado. Sabem tudo. Antevêem o futuro com a facilidade de uma Cassandra. Quase sempre erram.

A terceira e última reflexão leva ao óbvio. Não adianta mudar o nome dos objetos, se eles continuarem com a mesma essência. As aparências se tornam mais palatáveis. O conteúdo, contudo, será idêntico.

O velho capitalismo transfigurou-se em sistema de mercados. Sofisticou-se. Informatizou-se. Atualizou suas práticas. Na essência, continua sem alterações. Busca o lucro sem limites. É de sua natureza.

12 de fevereiro de 2008

Capítulo 5

Fraternidade com as mulheres

O aborto é envolvido por contornos de alta sensibilidade. Em toda parte, as discussões tornam-se acaloradas. Do conservadorismo excessivo a um grau ilimitado de liberdade. A unanimidade jamais se obteve. É momento dos homens ouvirem.

Um dramático acontecimento sacudiu a Itália. Em Nápoles, uma mulher submetia-se a um aborto terapêutico. Por intermédio de uma chamada telefônica anônima denunciaram a clínica. A polícia compareceu.

Rompeu a privacidade da paciente. Pasmem, apreendeu o feto. A partir do incidente, os jornais italianos desenvolveram acalorado debate. As colocações vão da moderação à apoplexia.

Sem qualquer acréscimo, já por si, o tema contém elevada carga de emotividade. Essa vai do sensível campo da ética ao âmago da intimidade da mulher. Atinge sua integridade física e psicológica.

O aborto é envolvido por contornos de alta sensibilidade. A frágil condição do feto, indefeso e passivo. A dor e exposição suportadas unilateralmente pela mulher.

Nenhuma mulher submete-se à intervenção de forma fria. O nato instinto de mãe gera o sentimento de perda. Sua condição humana, a dose excessiva de humilhação. Expõe-se e submete-se à violência contra a sua integridade.

Os homens debatem o aborto sobre o importante prisma ético. Jamais captam, porém, a situação feminina no decorrer do processo de tomada de decisão e submissão à realidade.

O aborto não pode ter leitura de mero ato de rotina. Não é. Jamais poderá ser, tratado com frivolidade. Apresenta-se como uma intervenção de risco e repleta de interrogações.

Em toda parte, quando o assunto vem à tona, as discussões tornam-se acaloradas. Os argumentos partem de um conservadorismo excessivo. Ou levam a um grau ilimitado de liberdade.

É compreensível. Unem-se, ao tema, a presença da vida com seus sensíveis componentes. A atração entre duas pessoas, ainda que efêmera e circunstancial, e a concepção, sopro de novo ser.

Agrega-se mais. O dever comum a todas as pessoas de preservar a vida. Respeitar a dignidade do outro, ainda que embrionária. Preceitos que se estendem à figura da mulher.

Ao submeter-se à intervenção, a mulher sofre violência contra a sua dignidade. As causas da concepção são múltiplas. A presença do imponderável. A ausência de sadia orientação sexual. As proles repletas de carências.

O tema perturba a humanidade desde épocas remotas. São Jerônimo, no ano 300, quando a ciência se limitava ao empirismo, posicionou-se. Antes do surgimento da aparência humana e dos membros, não existe violência contra o nascituro.

São Alberto Magno, em 1200, deduziu: a alma, no varão, infunde-se quarenta dias após a concepção e, na mulher, somente após noventa dias. Autores contemporâneos registram: a alma infunde-se na concepção.

Múltiplas vertentes de pensamentos. Chocaram-se em debates acalorados nos parlamentos português, espanhol e italiano, nos últimos anos. Antes, em 1973, a Suprema Corte dos Estados Unidos debruçou-se sobre o assunto.

As realidades desses países alteraram-se. As mulheres tornaram-se titulares de seu corpo e de suas vontades. Abriram-se possibilidades para a sofrida intervenção.

A unanimidade jamais se obteve. É impossível atingi-la frente a essa contingência existencial. Todas as vertentes levam a um dado essencial: a defesa da vida. Qual vida? A em gestação ou a vida em plenitude da mulher hospedeira?

Resposta digna de um enigma à moda antiga. Esse se amplia em complexidade quando a inviolabilidade do corpo da mulher é violada e dessa agressão resulta concepção indesejável, indevida e inaceitável.

A solução jamais será unânime. O aborto sempre encontrará posições de áspero antagonismo nos debates que proporciona. Nesses, quase sempre, restringe-se à participação de personalidades masculinas.

Bom momento para se alterar essa postura. Um tema, especialmente da mulher, por mulheres deverá merecer reflexão e debates. As conclusões terão de recolher o pensamento feminino, em sua plena sensibilidade.

Em sua Campanha da Fraternidade/2008, a Confederação dos Bispos Brasileiros trata a questão do aborto. Bom. Permitirá seu exame pelas diferentes expressões da inteligência.

A sociedade não pode se omitir. Deve participar. Recolher os dramas individuais das mulheres. Compreendê-los será sinal de maturidade. É momento dos homens ouvirem.

O silêncio não condiz com os tempos contemporâneos. Ele apenas torna hipócrita a convivência humana. A hipocrisia já causou muitas vítimas. Milhares de mulheres sacrificadas. Ou vidas perdidas.

19 de fevereiro de 2008

Capítulo 6

Fim do celibato sacerdotal?

Querem os integrantes da hierarquia católica liberdade para contraírem matrimônio. Para aqueles que desconhecem a História da Igreja Católica no Brasil a notícia parece extravagante. Não é, contudo. O catolicismo brasileiro sempre se mostrou muito independente. Conhece as contingências de um povo sofrido e repleto de paixão. E, age de acordo com seu rebanho.

Alguns veículos da imprensa internacional concederam espaço nobre a posicionamentos do clero brasileiro. Querem os integrantes da hierarquia católica liberdade para contraírem matrimônio.

Para aqueles que desconhecem a história da Igreja Católica no Brasil a notícia parece extravagante. Não é, contudo. O catolicismo brasileiro sempre se mostrou muito independente.

A primeira razão se encontra na concordata existente, na época do descobrimento, entre o Papado e o Rei de Portugal. Esse documento conferia grande liberdade ao segmento católico no espaço português.

A par desse texto diplomático, a extensão do território brasileiro e a ausência de clérigos para responder pelos ofícios religiosos geraram uma comunidade leiga ativa, formada por rezadores, sacristãos, beatas e beatos.

Se tanto não bastasse, por influência judaica, as irmandades – ordens terceiras – contratavam sacerdotes, mas se esses não agiam de acordo com a vontade da congregação, rompia-se o contrato. O sacerdote era liberado.

Essas situações deram identidade muito especial ao clero brasileiro. Ainda recentemente, quando a maioria dos sacerdotes latino-americanos apoiou o militarismo, os padres brasileiros desafiaram os quartéis. Nessa mesma época, a atividade política democrática encontrava-se limitada. Por meio das comunidades eclesiais de base, o povo se movimentou e reivindicou perante as autoridades.

Um dos componentes significativos da redemocratização, no Brasil, constituiu-se na ação dos padres e dos leigos católicos. Esses permitiram o nascimento de traços de cidadania em uma sociedade acostumada à submissão.

Após a democratização, ocorrida nos anos 80, a Igreja Católica no Brasil parece haver recuado, de maneira parcial, de sua atuação social. Retornou à ação pastoral, sem, contudo, perder traços de originalidade.

Os padres cantores atingem, com seus ritos alegres, milhões de fiéis. Cantam e dançam com a alegria do protocristianismo. Abandonam os rígidos cânones do Concílio de Trento.

Ao longo de 500 anos, os leigos proporcionaram festas populares repletas de figuras e simbolismo cristãos. As cavalhadas, procissões, reisados e rezas apresentam-se como antecedentes dos padres cantores.

Agora, afastada da militância social mais ativa, a Igreja Católica no Brasil retirou-se para a sua intimidade. Surgiram dessa introspecção petições capazes de perturbar o sossego do Vaticano.

Querem os padres brasileiros democratizar na escolha dos bispos. A indicação deve surgir das bases. Afasta do vértice romano a possibilidade de uma nomeação monocrática.

Já é muito. Mas, pedem mais os sacerdotes brasileiros. Desejam a reinserção dos divorciados, após novo casamento, no seio da Igreja, permitindo-lhes participar da eucaristia.

Bastariam essas solicitações para levar a Cúria Romana a alarme. Pedem mais os padres brasileiros: o rompimento de tradição nascida no ano 300, no Sínodo de Elvira, hoje um subúrbio de Granada, na Espanha.

Nesse Sínodo, decidiram os bispos pela instituição do celibato eclesiástico. Antes inexistente e até hoje distante da Igreja oriental. O princípio mereceu reafirmação pelo Papa Gregório VII, no ano de 1074.

Narram os historiadores o boicote do clero. Em Brescia, na Itália, ao proibir o matrimônio dos sacerdotes, espancaram o bispo. Os alemães, adeptos da hierarquia, tomaram idêntica atitude contra o bispo de Passau.

O tema não se encontra em contextualização bíblica. Apresenta-se como elemento da tradição católica. No caso, mais que milenar. Os sacerdotes brasileiros romperam muros seculares com a petição elaborada.

A confrontação entre os oponentes pode conduzir a situações extremas. Mutações, contudo, não devem ser esperadas. A Cúria Romana, particularmente no papado de Bento XVI, mostra ortodoxia.

No passado, quando se introduziu o celibato sacerdotal, as penas para os transgressores foram duras. As mulheres de sacerdotes consideradas concubinas.

Os filhos, gerados na vida em comunhão, requisitados como escravos para o bem da Igreja. Outros tempos, mas a lembrança das sanções permite aquilatar o grau da reação contemporânea à vontade do clero brasileiro.

O clero brasileiro sempre se apresentou libertário, traço peculiar do catolicismo local. Conhece as contingências de um povo sofrido e repleto de paixão. Age de acordo com seu rebanho.

Simples antever a resposta da Congregação para o Clero. Uma sonora desconsideração de todos os pedidos. Ferem as tradições da Igreja européia. Não se coadunam com a tradição. Ponto e basta, como diria um italiano enfadado.

26 de fevereiro de 2008

Capítulo 7

Cada povo com seus valores

A emergência dos direitos da pessoa, no decorrer da história, revela um acontecimento sem precedentes. Alterou as instituições políticas. Rompeu dogmas e afastou preconceitos.

Entre as caminhadas mais auspiciosas dos povos ocidentais, se encontra a saga dos direitos da pessoa. Nasceu e se desenvolveu, em seus traços contemporâneos, a partir do Século XVI.

É produto típico do individualismo acendrado próprio dos pensadores renascentistas italianos. Esses fizeram da pessoa o centro do universo, a figura capaz de conceber novas formas de convívio social.

Em momento posterior, o iluminismo ampliou esse pensamento. Erigiu o progresso em idéia-força. Derrubou os limites cerceadores de seu desenvolvimento. O progresso passou a ser considerado infinito. A pessoa elevou-se como sua fonte geradora central.

Essas formulações aconteceram com o rompimento dos valores medievais. A eclosão da reforma religiosa e as conseqüentes guerras. Pessoas lançaram-se contra pessoas em lutas fratricidas.

A rígida hierarquia imposta pela Igreja Romana ruiu. Em seu lugar, estabeleceram-se em vários espaços geográficos e governos locais autônomos. Esses geraram o embrião do federalismo.

Entre muitas tormentas, os pensadores priorizaram a pessoa. Lutaram para afastar os agentes violadores de sua atuação livre, independente e, portanto, autodeterminada.

Surgia o princípio do sacerdócio universal. Afastava-se a exclusividade do domínio do conhecimento por um segmento ou alguém consagrado. Todos passaram a ter acesso à Bíblia.

A leitura e interpretação dos chamados livros sagrados passou a ser individual. Cada pessoa tornou-se senhora de sua verdade. Cessava a simonia. A presença de intermediários entre a terra e o céu.

O individualismo ampliou-se. A cada momento, as pessoas convenciam-se da condição de detentoras de seus pensamentos e ações. Passaram a defender a dignidade dos humanos.

A emergência dos direitos da pessoa, no decorrer da história, revela, pois, um acontecimento sem precedentes. Alterou as instituições políticas. Rompeu dogmas e afastou preconceitos.

Ora, quando, por meio de "intervenções humanitárias", estados economicamente desenvolvidos agridem a soberania de outros povos, sob o pretexto da preservação de direitos, ferem culturas e tradições.

Os direitos da pessoa, em sua concepção eurocêntrica, podem ser recepcionados por outros povos, mas jamais impostos pelas armas, ainda porque essa atitude aponta para a negação desses direitos.

Os valores das culturas existentes na Ásia, no leste europeu e na própria América do Sul divergem do individualismo europeu e norte-americano. Preservam a pessoa a partir da obtenção da harmonia social em núcleos restritos. Respeitam a autoridade. Giram em torno de entidades familiares.

O patriarca da Igreja Ortodoxa Russa, ao ser entrevistado por jornalistas franceses, significativamente denunciou a concepção ocidental dos direitos da pessoa. Defende o que denomina o direito dos grupos.

Essas reflexões resultam dos conflitos localizados, distribuídos por todas as partes, e que atingiram a América do Sul. O sofrimento dos povos agredidos por intervenções militares, adjetivadas como humanitárias, é incalculável.

Cada povo deve resolver suas controvérsias em conformidade com seus valores e culturas. A idéia de missão civilizadora, adotada por alguns estados nacionais, conflita com a concepção ocidental dos direitos da pessoa.

Os novos meios de comunicação – especialmente a internet – levarão a todas as sociedades a visão ocidental dos direitos da pessoa. Caberá a cada povo, de maneira individual ou por região, adotá-los ou rejeitá-los.

Mediante um sadio proselitismo, todos os povos poderão acolher, no tempo, os direitos da pessoa a partir da visão de mundo plasmada no Ocidente. A guerra como instrumento de persuasão leva a ódios irreversíveis.

Essa maneira de pensar a realidade internacional começa a ganhar importantes adeptos na cultura jurídica de vários povos. É salutar. O uso indiscriminado de armas fere o bom senso médio.

Agiram com sabedoria os dignitários dos países sul-americanos ao afastarem a possibilidade de um conflito no espaço da América meridional. A divisão dos povos ao sul do Rio Grande seria um desserviço às suas populações carentes.

Os povos dessa América já sofreram excessivamente com as violências infringidas pelos europeus às populações autóctones. Cabe-lhes, em defesa dos direitos da pessoa, procurar seus próprios caminhos, sem a presença de fundamentalistas iluminados.

Um abraço é melhor que o trovejar dos canhões. Os intolerantes não se assemelham aos humanos. Estão mais próximos das feras. Basta analisar os últimos conflitos localizados.

11 de março de 2008

Capítulo 8

Duas realidades históricas

Até hoje, os brasileiros estão encantados com o convívio de uma família real. Gostaram tanto que agregaram às suas escolas de samba a figura do rei e da rainha. Fala-se muito do que ocorria na Europa, mas faltam análises mais aprofundadas da presença da corte no Rio de Janeiro.

Felizmente, as comemorações estão próximas de seu fim. Uma explosão de imagens. Análises por todos os ângulos. Todas expondo sua versão. Muitos falaram. Poucos conseguiram ver além das obviedades.

Sem maior esforço o tema é captado pelo mais desatento observador do noticiário das últimas semanas. A referência conduz às comemorações da chegada da Família Real Portuguesa ao Brasil.

Mostram naves ancoradas e em alto mar. Apontaram documentos. Revelaram conseqüências da convulsão gerada pela presença de uma corte européia em pleno Rio de Janeiro do Século XIX.

Vai-se além. Discute-se quem foi o mais importante artista plástico incorporado à comitiva real. Debret ou Taunay? Há assunto para as mais diversas abordagens.

Até hoje, os brasileiros estão encantados com o convívio de uma família real com o calor e com a promiscuidade dos trópicos. Gostaram tanto que agregaram às suas escolas de samba a figura do rei e da rainha.

Votou-se em plebiscito pela república. Preservou-se, todavia, uma íntima admiração pela monarquia. Um baile em palácio, antecedido por um beija-mão, é o sonho pequeno burguês de todo nativo.

Chegou-se a extremos. A antes da proclamação da República, a elite compareceu a um baile, o da Ilha Fiscal. Todos de casaca e lisonjeados por estarem com o Imperador.

Aqueles que se deliciaram com minuetos imperiais, de maneira pragmática e cínica, logo em seguida, adotaram a República. Deixaram de beijar a mão do Imperador. Trocaram o uso. Passaram a limpar botas castrenses.

Volte-se à cena central: a chegada da Família Real. O evento não pode ter leitura meramente coreográfica. Os antecedentes e as conseqüências da instalação de uma corte na América são complexos e estimulantes.

Quando duzentos mil soldados franceses ingressaram na Península Ibérica, cruzando os Pirineus, Napoleão Bonaparte era aliado dos reis de Espanha e adversário da monarquia portuguesa.

Franceses e espanhóis opunham-se às pretensões inglesas. Portugal mantinha longa aliança com a Grã-Bretanha. Em Trafalgal, a Espanha sofria grave derrota naval.

Enfraquecia-se a aliança hispano-francesa. Diante da derrota marítima, Napoleão confina os reis espanhóis em Bayona. Proclama seu irmão, José, como rei da Espanha e das Índias.

Apesar das demoradas comunicações da época, as notícias acabaram chegando à América Espanhola. Geram um impacto colossal entre índios, mestiços, negros, pardos e criollos. A consciência do vazio do poder.

Novas notícias são recebidas. Passam os hispano-americanos a conhecer a criação de juntas populares por toda a Espanha. Reação popular à ocupação francesa e à inércia da realeza espanhola.

As juntas, concebidas para a proteção da soberania espanhola, transformam-se, aqui na América, em momento subseqüente, em agentes dos movimentos de independência. Surgem por toda a parte.

Foram as juntas um dos elementos da atomização geográfica da América de língua espanhola. Em sua dinâmica, ocorreu ainda a intervenção de Carlota Joaquina, esposa de D. João VI.

A partir do Rio de Janeiro, onde se instalara a corte portuguesa, a rainha enviou emissários ao território hispano-americano. Incentivou a implantação de juntas. Queria a anexação de espaços ao domínio português.

Não obteve sucesso. No entanto, os portugueses ao transferirem a corte para a colônia permitiram a preservação da geografia brasileira. Entre seus planos, Napoleão previa a dominação do Brasil.

Errou o Imperador francês. Contam os historiadores muitas vitórias e derrotas de Napoleão. Entre as suas piores derrotas, encontra-se a retirada da Família Real portuguesa para o Brasil.

Com esse gesto extremo da corte portuguesa, os franceses perderam forças na península ibérica e não conquistaram o Brasil, como planejaram seus estrategistas.

Do lado espanhol, aliado da França, as perdas foram grandes. As colônias americanas se tornaram independentes. A realeza espanhola restou sem legitimidade e poder.

Faltaram, pois, análises mais aprofundadas da presença da corte no Rio de Janeiro. Uma fuga que resultou em uma grande vitória contra as armas francesas.

18 de março de 2008

Capítulo 9

A trindade em crise

As várias medidas provisórias criaram uma confusão entre a trindade constitucional: Executivo, Legislativo e Judiciário. Nessa quase babel, cabe ao Supremo a preservação da normalidade social e da plasticidade da Constituição.

As sociedades são organismos vivos. Sempre em constante mutação. As mudanças se refletem nas instituições, estruturas permanentes, que sofrem os influxos das renovações. Essas redundam em evolução ou involução.

Os estados nacionais contemporâneos desconhecem a placidez de seus antecedentes históricos. Nada se mantém de acordo com os cânones tradicionais. Os institutos contidos na doutrina clássica esmaeceram.

A trindade constitucional, expressa na repartição dos poderes – Executivo, Legislativo e Judiciário – embaralhou-se. As competências de cada um dos poderes se entrelaçaram, gerando uma quase babel.

Em seu cotidiano, a cidadania nem sempre capta por inteiro os sinais emitidos, mas esses se tornam a cada momento mais intensos. Os debates a respeito das medidas provisórias é exemplo expressivo.

O instituto da medida provisória inaugurou a temporada de confusão entre o Executivo e o Legislativo no exercício de suas competências. Fragiliza os espaços de atuação de cada um desses poderes. O Executivo invade nitidamente o cenário do Legislativo.

São muitos os exemplos dessas anomalias, particularmente quando o observador coloca-se em ângulo de visão ortodoxo. Trata-se, porém, em última análise, da busca da eficiência, valor exigido pelo sistema capitalista, acolhido pela nossa Constituição e aceito pelos operadores do Estado.

Na procura desse objetivo, em épocas diferentes, os estudiosos conceberam tribunais constitucionais. Duas são suas matrizes: a norte-americana e a européia. Almejavam os idealizadores dos tribunais constitucionais a preservação da estabilidade dos códigos superiores de regência.

Ora, a perenidade do estatuto escrito descola-se da realidade social. Esse fenômeno conduz à incompatibilidade da norma constitucional com o momento de sua aplicação efetiva.

Surgem, em conseqüência, os conflitos políticos no interior dos parlamentos. Em determinadas oportunidades, esses transbordam e atingem as ruas. Abalam a imprescindível segurança jurídica.

Em uma democracia, as inadequações devem ser resolvidas de maneira pacífica e equacionadas em conformidade com o devido processo legal. Se a norma positiva incide sobre uma nova realidade social, deve ser interpretada.

Aqui, surge a relevância das cortes constitucionais, cujo papel, no caso brasileiro, é atribuído ao Supremo Tribunal Federal. A essa Casa superior cumpre refrear as excitações da sensibilidade social. Recompor a normalidade.

É conveniente que a Constituição se mantenha intacta. Não sofra constantes modificações, pois essas a degradam. A aproximação do documento constitucional à realidade constitui-se em atividade do Supremo Tribunal Federal.

O veículo de acomodação da Constituição ao momento social é a jurisprudência criativa, aquela que toma o texto original da constituição e o molda às situações contemporâneas.

Hoje, mostra-se ingênua a idéia de Justiniano e de Frederico II da Prússia em impedir a interpretação da lei pelos juízes e juristas. Em uma sociedade em constante transformação, interpretar a lei é essencial.

Nesse passo se visualiza a importância do colegiado que compõe o Supremo Tribunal Federal. Os integrantes dessa Corte possuem um imenso poder e esse deve ser utilizado com os melhores princípios da boa razão.

Não podem seus membros se submeter a nenhum outro organismo estatal. A independência dessas personalidades não encontra obstáculos, salvo os princípios e a moral média.

Agiu, pois, com acerto o Supremo Tribunal Federal ao decidir que a corte não se encontra submetida ao Conselho Nacional de Justiça. Os seus membros submetem-se às regras constitucionais específicas para análise de seus respectivos comportamentos.

Essa posição soberana impõe aos ministros do Supremo Tribunal Federal uma disciplina social rígida. O comportamento de cada um e as palavras de cada voto são examinados com atenção pela comunidade, mesmo pela não iniciada em assuntos jurídicos.

O Supremo Tribunal Federal coloca-se em posição central entre as múltiplas forças existentes na sociedade. Ao Supremo cabe a preservação da normalidade social e da plasticidade da Constituição.

As cortes constitucionais se colocam como a aristocracia do saber. Devem se conduzir, como conseqüência, com moderação e sensibilidade às atribuições dos demais poderes, nunca esquecendo o destinatário de suas decisões: o povo.

25 de março de 2008

Capítulo 10

O juiz e sua responsabilidade

Hoje, aqui e por toda a parte, o Estado responde pelas lesões produzidas por seus agentes no exercício da atividade jurisdicional. Mas, na América Meridional a máquina estatal ainda é lenta. Nossas prisões registram inúmeras pessoas com suas penas cumpridas.

Durante séculos, o Estado foi considerado irresponsável. Exatamente isso. A partir do princípio da irresponsabilidade do Estado, os agentes públicos não respondiam pelos atos praticados no exercício de suas atividades funcionais.

A teoria da irresponsabilidade do Estado confundia-se com o princípio do direito divino dos reis, próprio dos regimes absolutistas, estampado em múltiplas constituições, inclusive na brasileira de 1824.

A Constituição do Império declarava ser a figura do Imperador inviolável e sagrada. Se tanto não bastasse, registrava, ainda, que sua pessoa se encontrava livre de qualquer responsabilidade.

Esse princípio – sonho de muitos republicanos de plantão – estendeu-se para as várias áreas do corpo burocrático, gerando duas categorias de pessoas: as isentas de responsabilidade e os súditos titulares de todos os deveres.

Com as revoluções burguesas e a concepção do moderno Estado de Direito, o princípio da irresponsabilidade do Estado paulatinamente sofreu enfraquecimento. Manteve-se, no entanto, em algumas áreas diferenciadas das atividades públicas.

Foi assim com as decisões judiciais. A irresponsabilidade do Estado pelos atos de sua função jurisdicional restou preservada até há pouco. Afastou-a definitivamente a Constituição vigente de 1988.

Hoje, aqui e por toda a parte, o Estado responde pelas lesões produzidas por seus agentes no exercício da atividade jurisdicional. O Estado, pois, é responsabilizado pelos erros de seus magistrados, cabendo-lhe ressarcir os prejuízos causados por eventual imperícia ou desídia.

O tema se encontra pouco examinado pela doutrina e menos ainda pelos tribunais. Parece existir uma névoa encobrindo o inciso LXXV do artigo 5º da Constituição de 1988.

Esse dispositivo, no entanto, é preciso em determinar ao Estado o dever de indenizar por erro judiciário ou prisão além do tempo fixado na sentença. Temas sensíveis.

Acabam, agora, de ser examinados na Espanha. Com rigor foram determinadas duras sanções a uma juíza. Segundo decisão do Tribunal Superior de Justiça da Andaluzia, a magistrada feriu o direito à liberdade de um detento.

Uma pessoa permaneceu encarcerada indevidamente por 455 dias. A juíza do feito deixou de expedir o devido mandado liberatório. Simplesmente por desídia pessoal ou da máquina forense.

Conseqüência: por violação do direito à liberdade individual, a magistrada andaluz foi colocada em disponibilidade por um ano. Não bastou. Respondeu pessoalmente pela indenização no valor de 103 mil euros, cerca de 285 mil reais.

Dura lição. Perigosa lição originária de uma sociedade que conheceu violências contra a liberdade no decorrer da Guerra Civil. Os espanhóis não esqueceram. Aprenderam a importância da liberdade.

Aqui, no Brasil, continua pouco fervorosa a prática de defesa da liberdade. Uma sociedade escravocrata confere reduzida relevância a esse valor essencial da pessoa. Particularmente, quando a pessoa não pertence aos estratos economicamente superiores da sociedade. Para os deserdados das benesses do sistema, cadeia é pouco.

Uma visão que se vai esmaecendo, mas ainda marcante por todo o país. Mentalidade a ser alterada. Já não se admitem cidadãos de primeira e segunda classes. Livres ou cerceados em seu direito de locomoção.

Dentro de poucos dias, a data de 13 de maio será recordada. Cento e vinte anos se passaram desde o gesto da Princesa. Mero gesto. Ainda há grilhões a serem rompidos.

A liberdade ainda não é um valor marcante na nossa sociedade. O trabalho subalterno se estende pelos sertões. Nossas prisões registram inúmeras pessoas com suas penas cumpridas.

A máquina estatal é lenta. Burocratizada. Perde a liberdade e perde o cidadão, titular da mesma liberdade. A sentença espanhola – extremamente dura – necessita reflexão por todo o espaço dessa América meridional.

Esse espaço geográfico conheceu todas as formas de violação da liberdade. Não pode permitir que a máquina do Estado de Direito continue com as mesmas práticas utilizadas por caudilhos de todos os tempos.

Essas práticas encontram-se latentes. Basta recordar as ditaduras espalhadas por todos os países latino-americanos, em pleno Século XX. Mais acentuadamente no Cone Sul. Um pesadelo.

15 de abril de 2008

Capítulo 11

Eleições italianas: a vitória das lideranças

Aqui, como na Itália, os políticos se mostram bastante criativos e não sabem separar o público do privado. Assim, existem as figuras agregadoras e as que legislam por interesses para poucos, destruindo arquiteturas políticas elaboradas em logos anos de sacrifícios.

As eleições italianas permitem uma série de reflexões sobre temas políticos relevantes. Ainda porque existem semelhanças entre o panorama da Itália e o brasileiro.

Ambas as sociedades se mostram extremamente criativas e seus políticos nem sempre diferenciam o público do privado, apesar das ricas tradições republicanas herdadas pelos italianos de seus ascendentes romanos.

No último pleito, realizado após a queda do Gabinete Prodi, a prática eleitoral italiana sofreu alterações positivas. A primeira delas se constitui na opção, no plano partidário, pelo bipartidarismo.

Após a queda do socialismo real, a Itália concebeu um complexo quadro de partidos, onde inúmeras legendas se digladiavam e, ao final de cada pleito, o Congresso se transformava em um labirinto de homens e de partidos.

A legislação italiana adotou, contudo, em seu jogo eleitoral, a cláusula de barreira, impondo a obtenção de 4% de votos para um partido figurar no parlamento. Sabiamente, o eleitorado se utilizou da barragem. Apenas dois partidos estarão efetivamente representados nas casas legislativas.

Aqui a primeira comparação útil. O Brasil atualmente conta com 28 partidos políticos. O Congresso Nacional adotou a cláusula de barreira, instrumento purificador de quadros partidários.

O Supremo Tribunal Federal, no entanto, julgou a cláusula inconstitucional sob o argumento de que esse mecanismo afasta as minorias do interior das casas legislativas. É verdade.

Nesse passo, seria oportuno indagar: o que é mais nocivo? As minorias longe do parlamento ou a ingovernabilidade produzida pela ação dos partidos menores?

A resposta pode se apresentar difícil. É bom recordar, contudo, que emenda constitucional, aqui no Brasil, frisou ser a eficiência princípio da administração pública. Um cenário partidário racional conduz ao cumprimento dessa exigência do artigo 37 da Constituição.

Outro ponto comum às duas sociedades é o descrédito das personalidades políticas. Os parlamentares são pouco admirados nos dois países. Uma série de fatores leva a essa situação.

Os parlamentares nem sempre se fazem respeitar. Utilizam-se da máquina pública com imensa desfaçatez. Aumentam seus vencimentos sem o menor controle externo. São senhores absolutos de seus atos.

Os meios de comunicação, a partir dessa constatação, ampliam as peripécias concretizadas por senadores e deputados. São abusos de natureza financeira. Descaminhos sexuais. Desrespeito à representação popular.

A sociedade, particularmente a partir da mídia eletrônica, passa a conhecer atitudes e atos dos parlamentares. O efeito é catastrófico. Uma tragédia. Ninguém acredita em ninguém.

Isso leva à fragilização da democracia. Figuras da extrema direita iniciam pregações agressivas contra minorias, em especial estrangeiras. A xenofobia é o começo da caminhada para a implantação de regimes autoritários.

Com roupagens diferentes, também no Brasil começa caminhada à intolerância. No Rio de Janeiro, ação policial mereceu triste configuração: "inseticida social". Grave prenúncio do que está por vir.

As pessoas sensíveis se apercebem, desde logo, do risco de afirmações semelhantes. Devem merecer censura no nascedouro. Uma sociedade democrática não discrimina pessoas.

Aqui, um particular. Os líderes políticos italianos equacionaram um cenário complexo. Contaram com um atributo essencial. A capacidade de somar. Há personalidades políticas agregadoras. Conduzem as pessoas a trabalharem juntas sem diferenciá-las. Aconteceu na Itália.

Outras, porém, são personalidades desagregadoras. Podem ser brilhantes, mas não formam vínculos entre os diferentes. Ao contrário, distribuem rancor nos vários segmentos sociais.

Os capazes de somar são lideres aptos a gerar novos e sólidos partidos. Foi o que fizeram os dirigentes dos partidos "Il Popolo dela Libertà" e do Partido Democrático, independentemente do juízo que se tenha a respeito das pessoas.

Os disseminadores de discórdia destroem arquiteturas políticas elaboradas em longos anos de sacrifícios. Não edificam. Só tecem uma teia de conflitos e desconformidades.

São esses últimos os eternos seguidores do velho e conhecido Imperador Nero. Querem incendiar Roma novamente.

22 de abril de 2008

Capítulo 12

Mbaé verá Guazu, Paraguai, a Terra sem mal

A vitória de um antigo bispo, hoje mero padre, nas eleições presidenciais não causa espanto. Aponta para o reatamento, em sua plenitude, da linha histórica tradicional do país. Um verdadeiro reencontro com as raízes.

O resultado da eleição presidencial no Paraguai não surpreendeu. Causa espanto ter demorado tanto para acontecer a eleição de um padre. A presença de religiosos foi uma constante na cultura paraguaia.

Essa presença do clero católico se estende por todos os períodos históricos do país. Jamais abandonando a formação do seu pensamento político. Mesmo quando da revolução dos comuneros, a presença religiosa não se afastou.

Os comuneros, reflexo de idêntico movimento desenrolado na Espanha, desejavam, em pleno Século XVII, o fim do absolutismo e a aplicação de eleições gerais para a escolha dos governantes.

Em duas oportunidades e épocas diferentes, foram vencidos os comuneros. Lançaram, porém, as bases para a futura independência do Paraguai, proclamada no ano de 1811.

Em 1865, republicava-se – ainda sob o colorido religioso da política paraguaia – o Catecismo de Santo Alberto, obra destinada a combater as doutrinas originárias da Revolução Francesa.

Desde os tempos coloniais, as várias ordens religiosas católicas estiveram presentes no território guarani. Antes os franciscanos e depois os jesuítas, tiveram importante papel na formação histórica do Paraguai.

Os franciscanos dedicaram-se à evangelização. Os jesuítas foram muito além. Pretenderam instalar um "Reino de Deus sobre a Terra". Não se limitaram a recolher almas para o catolicismo.

Criaram os povos das missões e, nesses, implantaram um sistema político teocêntrico, no qual os lucros da produção eram distribuídos entre todos os moradores dos territórios administrados pelos jesuítas.

Certamente, a experiência das reduções jesuíticas marcou a alma coletiva paraguaia, conformando uma espiritualidade integrada pelos valores católicos e a forte religiosidade dos índios guaranis.

Após a independência, implantava-se o governo de Francia, personalidade complexa e com formação religiosa na Universidade de Lima. Iniciava-se o chamado período da Ditadura Perpétua.

Em 1844, finalmente no governo de Carlos Antonio Lopez, pai de Francisco Solano Lopez, conhece o Paraguai a primeira Constituição, nos moldes do constitucionalismo da época.

Três poderes eram previstos: executivo, legislativo e judiciário, com prevalência do primeiro sobre os demais. Foi época de progresso. Distribuiu-se terras às famílias. Outorgou-se créditos. Instalava-se a primeira colônia com população estrangeira.

Carlos Antonio Lopez criou o ensino primário gratuito e obrigatório. Implantou inúmeras escolas superiores e contratou técnicos e professores europeus. Iniciou as obras do Oratório da Virgem de Assunção, o atual Parthenon Nacional.

Com sua morte, assume o vice-presidente, seu filho, Francisco Solano Lopez. O Marechal Lopez combateu até a morte os exércitos da Tríplice Aliança, formada por Argentina, Brasil e Uruguai.

Na chamada Guerra do Paraguai foi impressionante a presença de membros da hierarquia católica nas tropas paraguaias. Combateram em todas as frentes e muitos se tornaram heróis nacionais.

Assim, pois, no passado, a presença da religião e de integrantes da hierarquia, nos espaços públicos da República do Paraguai, foi constante. A vitória de um antigo bispo, hoje mero padre, nas eleições presidenciais não causa espanto.

Ao contrário, aponta para o reatamento, em sua plenitude, da linha histórica tradicional do país. O encanto das populações por D. Fernando Lugo é um verdadeiro reencontro com as raízes.

Já não se trata de um jesuíta ou de um franciscano. Dom Lugo pertence à ordem dos Missionários do Verbo Divino. A sua vitória deveu-se a uma coligação partidária chamada Aliança Patriótica para a Mudança (APC).

Dessa Aliança, participou o Partido Liberal. Esse e o Partido Colorado, derrotado após sessenta anos no poder, foram instituídos no ano de 1887. Portanto, há mais de cem anos.

A democracia participativa permitiu o aparecimento do efetivo rosto dos povos dessa América. Já não há lugar para máscaras de padrão alienígena. Somos o que somos. Melhor nos entendermos.

A vitória de D. Lugo surge como uma conquista democrática dos povos da América Meridional. Vitória da gente comum – los comuneros – contra os segmentos estabelecidos e dominantes.

Francisco Solano Lopez, segundo consta, tinha uma frase peculiar: "la copa está servida... es preciso beberla!" Cabe perfeitamente para esse momento sul-americano. Vamos comemorar.

29 de abril de 2008

Capítulo 13

Nada muda. Só as aparências

O inebriante clima econômico precisa ser comparado com cenários já vivi-dos. Monocultura e extração de minerais estão presentes. Cometer os mesmo equívocos de ontem seria demoníaco. Espera-se uma boa e efetiva política industrial.

Uma onda de euforia invade os noticiários econômicos. A nota con-cedida ao Brasil por uma agência internacional criou um clima de vitória em campeonato mundial de futebol.

Somos campeões. Não é bem assim. Chegamos a um sofrido terceiro lugar. Falta muito para alcançar os primeiros colocados. O grau de investi-mento, ainda assim, deve ser considerado. E de maneira positiva.

Os esforços despendidos em décadas de sacrifícios não foram em vão. Demonstram que os brasileiros passaram a ser responsáveis em seus atos e seus operadores públicos competentes.

Em momentos de vibração coletiva, é inoportuno falar sobre realida-des vividas ou contemporâneas. Não é bom estragar a festa. Quem aponta verdades nunca é bem aceito.

Não importa. O inebriante clima econômico precisa ser comparado com cenários já vividos. Eles apontam muitas semelhanças com o atual momento. Euforia. Casa Grande em festa.

38 VISÕES DO COTIDIANO

Foi assim no ciclo da cana-de-açúcar. Por todo o Nordeste, erguiam-se engenhos e sedes luxuosas no interior das grandes plantações. Alguns viviam, em plena lavoura, como em um arrondissement parisiense.

O Brasil era todo açúcar. Doce para uns poucos. Formou-se uma elite econômica com olhos voltados para o exterior. Nada de pensar Brasil. Esse era mera circunstância geográfica.

A globalização da época tomou os donos de engenho de surpresa. Deslocou para as Antilhas o plantio de cana e a produção de açúcar. Uma longa decadência se iniciou.

Sobraram as lembranças preservadas pelas famílias tradicionais. A riqueza se esvaiu e a depressão se instalou por toda a parte. A nostalgia infiltra-se nos costumes dos descendentes da aristocracia do passado.

Entre os ciclos econômicos, o ouro e o cacau preencheram a pauta de exportação. O ouro acabou. O cacau o bicho comeu. Ou o holandês levou para o entorno da cidade de Accra, na hoje República de Gana.

Um novo surto econômico no Século XIX. Agora era extrativo. Descobriram as qualidades do látex na produção industrial. A Amazônia toda foi invadida. O Brasil tornou-se o único produtor mundial.

Deslocaram do Nordeste para a Amazônia as vítimas da grande seca de 1877. Um grande êxodo. Tudo em vão. Um inglês, Sir Robert Wickham, escamoteou sementes de látex e as implantou na Malásia.

Nova decadência. Agora os opulentos exportadores de Manaus conheceram a insolvência. Os sonhos de uma sociedade sofisticada em plena selva ruíram. Restou como símbolo do período o teatro Amazonas.

Em outra época, os ingleses abordavam os navios que conduziam cativos. Diziam-se suportados em belas idéias de liberdade. Desembarcavam, porém, a carga humana nas plantações do Caribe. Lá a mão de obra era utilizada.

Um surto econômico, no sudeste, conheceu duração mais longa e produziu efeitos mais concretos. As grandes plantações de café em São Paulo exigiram, após a libertação dos cativos, o acesso à imigração européia.

A partir dos anos finais do Século XIX, milhões de italianos foram recrutados e conduzidos ao Brasil. Aqui, constituíram uma imensa servidão branca. Confinados nas fazendas de café, perderam contato com as origens.

Os italianos foram salvos pela crise de 1929. Os barões do café – tal como seus iguais do Norte e Nordeste – preferiam a boa vida de Paris ao contato com as rusticidades do mundo rural.

Com a quebra dos mercados, a riqueza da cafeicultura ruiu. Os imigrantes italianos romperam à servidão. Refugiaram-se nas cidades e deram início a um ciclo rudimentar de industrialização.

Esse ciclo de industrialização alterou os costumes no Estado de São Paulo. Transformou a economia local e brasileira. Já não se vivia da extração e comércio de produtos primários. A indústria da transformação se instalou.

Outra conseqüência da grande imigração deu-se no cenário social. Romperam-se quaisquer traços de nobreza eventualmente existentes no sudeste brasileiro. Os nomes de família já não importam.

O fundamental passou a se constituir na condição de homem do trabalho. Dar o exemplo de dedicação aos ofícios manuais. Trabalhar no tear ou no torno. Dedicar-se a transformar e conceber produtos.

Um bom exemplo para o momento presente. Hoje, o mercado financeiro empolga. Cria novos grupos sociais diferenciados. Concebe boa rede para a circulação da riqueza.

É pouco. O atual ciclo econômico contém traços do passado. Monocultura e extração de minerais estão presentes. Não gera industrialização em escala. Não resulta em importantes avanços tecnológicos.

Esse ponto pede governo. Bom governo. O incentivo a setores novos da economia mostra-se fundamental. Cometer os mesmos equívocos de ontem seria demoníaco. Espera-se uma boa e efetiva política industrial.

Chega de ser mero exportador de produtos primários. Cumpre criar uma infra-estrutura para as futuras gerações. Relembrar os equívocos do passado, quando os ciclos se esgotaram e nada restou. Ou será preciso um novo 29?

13 de maio de 2008

Capítulo 14

O cético Tocqueville ou o otimista Pangloss?

Hoje, a bolsa família atinge seus objetivos imediatos. Mas, vale lembrar e refletir, como já alertou o aristocrata francês Tocqueville, para quem a assistência legal aos ingleses, jogou os pobres a pior das indigências: roubou-lhes o amor próprio.

As pessoas se nutrem com idéias de um mundo que já não existe. Passou. Persistem, no entanto, nessa prática. Os alicerces do presente são buscados em autores do passado. Em documentos legados pela História.

É da alma humana. Alteram-se os costumes. Rompem-se preconceitos, mas no inconsciente permanecem as marcas dos tempos que se foram. Para o tradicionalista, o passado é sempre melhor que o presente.

Não é verdade, porém. Mesmo no interior dos guetos de miséria ainda existentes, a situação social contemporânea é infinitamente melhor daquela vivida pelos antepassados das atuais gerações.

Os serviços de saúde e educação estenderam-se aos vários segmentos econômicos. A saúde tornou-se um direito de todos e um dever do Estado. A educação assume idênticos contornos.

A previdência e a assistência social buscam cumprir seus objetivos. O Estado Social de Direito encontra-se consagrado na legislação constitucional e recebe tratamento privilegiado pelo legislador ordinário.

Parece, pois, que se vive no melhor dos mundos! Certamente, essa seria a exclamação de Pangloss, o eterno otimista imaginado por Voltaire com traços irônicos.

Não é bem assim. A pobreza espalha-se por grandes espaços territoriais. Os equívocos do passado refletem-se poderosamente no presente. Nas regiões onde a presença da monocultura foi desmedida, a miséria é alarmante.

Essa miséria imigrou. Deixou suas regiões de origem e espalhou-se pela periferia das cidades. As metrópoles tornaram-se vulcões sociais sempre prestes a entrar em ebulição.

Ingênuo quem imaginar o contrário. Desconhece a realidade concreta. Vive em mundo artificial desconectado dos múltiplos segmentos que formam a complexa sociedade brasileira.

Ainda porque a História registra que a integração social não é uma concessão dos bem aquinhoados. Ao contrário, é resultado de lutas. Conquistas e imposições.

As lutas podem, por vezes, amainar. Mas ressurgem sempre que uma faísca de revolta cruza o firmamento social. Podem ser mero corisco. Ou se comportarem como uma imensa tempestade.

Na busca de evitar coriscos e tempestades, a sociedade brasileira optou por um caminho de atalho. Concebeu a bolsa família. Distribui a milhões de pessoas, em situação de miserabilidade, um mínimo para a sobrevivência.

A primeira visão é positiva. Apesar do antagonismo de muitos. Retiram-se da linha de pobreza pessoas marginalizadas. Reduz-se a distância ao acesso a bens essenciais à sobrevivência.

A bolsa família atinge seus objetivos imediatos. A miséria opressiva é relativamente afastada da sociedade. Todos dormem em paz. Acontece que retornar ao passado é próprio da alma humana.

E, ao voltar ao passado, cai sob os olhos um autor de citação usual. Um aristocrata francês que contou com capacidade para observar a realidade e analisá-la como um frio cirurgião.

A referência é a Alexis de Tocqueville. Sempre citado por sua obra A democracia na América, na qual examina o surgimento da sociedade norte-americana e os traços de seu nascimento.

Recorda o aristocrata francês a existência, nos Estados Unidos, de três fatores decisivos em sua formação: (1) as condições físicas, geográficas e climáticas, (2) as leis e (3) os costumes, princípios, usos e opiniões.

Claro que esses indicadores também podem ser aproximados da realidade brasileira e, assim, captar-se, no passado, os elementos formadores de nossa comunidade nacional.

Mas não é A democracia na América que importa nesse passo. Outro livro de Tocqueville interessa no momento em que se aplica a bolsa família de maneira extensiva. Trata-se de Democracia e pobreza – Memória sobre o pauperismo.

Tocqueville analisa a Inglaterra dos anos oitocentos e se mostra perplexo com os efeitos da aplicação pelo governo inglês da assistência legal, algo análogo a nossa bolsa família.

A assistência legal, na opinião de Tocqueville, conduziu o povo inglês para um quadro funesto. Retirou dos assistidos a possibilidade de se autoerguerem. Caminharem por si próprios.

Enfim, para o aristocrata francês, a assistência legal – a nossa bolsa família – jogou os pobres a pior das indigências: roubou-lhes o amor próprio. Será verdade?

As observações do passado não podem ser aplicadas por inteiro no tempo presente. Mas a ausência de reflexão é comportamento ingênuo. Cabe analisar os pensamentos de Tocqueville.

Ainda porque todos estão submetidos à pressão transformadora da História.

27 de maio de 2008

Capítulo 15

A lição esquecida

O planeta Terra – finito e pequeno perante a grandeza do Universo – começa a apontar traços de saturação. O problema somado a explosão demográfica dará início a um ciclo de falta de alimento.

A prosperidade não é infinita. Possui limites intransponíveis. Nos últimos anos, sociedades da América, partes da Ásia e Oceania conheceram um desenvolvimento acentuado.

Os mercados financeiros dinâmicos e as trocas de mercadorias trepidantes. De repente, não mais que de repente, os fluxos diminuíram, quase pararam. Os mercados estacionaram. Há temor por toda a parte.

Os analistas – a serviço das grandes corporações – buscam as causas da estagnação geral. Apontam a quebra no mercado de hipotecas nos Estados Unidos. Tecem considerações sobre o preço do petróleo.

Temerosas em perder parcela do mercado, as grandes petroleiras investem contra o etanol brasileiro. É o culpado de tudo, inclusive pela escassez de alimentos.

São argumentos de ocasião. Não avançam para as causas remotas da situação ora vivida pela humanidade. O público de plantão pode se convencer. O observador mais atilado fica perplexo.

Não querem enxergar a realidade. Esta é clara e precisa. O planeta Terra – finito e pequeno perante a grandeza do Universo – começa a apontar traços de saturação. Explorado predatoriamente já não resiste às agressões.

Retira-se petróleo. Explora-se manganês. Recolhe-se produto das jazidas minerais em busca de cimento e cal. Ferem-se as matas úmidas. Rompem-se o equilíbrio das matas subtropicais.

Depois de todas essas ações e outras mais, os habitantes da parcela rica do mundo esperam que tudo continue como antes. Claro que não. A destruição paulatina do planeta teria conseqüências.

Essas conseqüências podem ser recolhidas por todas as partes. A mais grave, porém, é o início de um ciclo de falta de alimentos. Os povos pobres, já subnutridos, terão ainda menores migalhas.

Aqui, encontra-se o ponto grave da questão. Trata-se da marginalização de um problema extremamente grave a se somar a todos os outros já indicados.

A explosão demográfica. Essa é uma questão pouco analisada, em razão de questionamentos religiosos e morais. Ela, no entanto, se encontra no cerne de todos os demais problemas.

O tema mereceu extenuante estudo por parte de um teólogo e economista clássico. Thomas Robert Malthus, no início do Século XIX, elaborou uma obra marcante sob o título Essay on Population.

Em seus estudos, o economista inglês demonstrava preocupação com o crescimento desmedido das populações. Esse levaria inevitavelmente a desastre sem precedentes, à fome.

Malthus expôs as suas preocupações antes do descobrimento de inúmeros produtos capazes de frear as epidemias e de sustar as endemias. A preservação da espécie humana ampliou-se com essas descobertas.

Sem conhecer os novos fármacos, de maneira pragmática e pouco sensível, Malthus colocou suas esperanças na eclosão de guerras entre os povos. Essas serviriam como instrumento de equilíbrio demográfico.

Deixaram de ocorrer grandes guerras de natureza mundial. Os conflitos tornaram-se localizados e de pequena expressão. Os organismos internacionais mostraram razoável eficiência na preservação da paz.

Parte, pois, da catastrófica visão malthusiana não se concretizou. Os povos foram capazes de alguns atos positivos, particularmente no referente aos conflitos bélicos.

Restaram, porém, questões agudas. Uma delas, a destruição contínua do planeta para a sustentação de um consumismo exagerado. Outra, tão aguda quanto à primeira, coloca-se no sensível tema da explosão demográfica.

Homens e mulheres, parceiros na grande travessia, integram-se em momentos de sensualidade e amor. É da essência da natureza humana. Poucos e raros preservam-se imunes à união de corpos.

Se essa é uma realidade que acompanha a humanidade, desde tempos remotos, torna-se impossível desconhecê-la ou exigir das pessoas abstinência incontida.

Os governos e as entidades internacionais devem afastar visões hipócritas, suportadas em falso moralismo. Precisam difundir meios para se atingir paternidade e maternidade responsáveis.

A humanidade superou desafios impostos pela natureza. Não pode aceitar ausência de controle sobre seu próprio corpo. Essa atitude leva miséria e dor a extensas regiões e a uma imensidão de pessoas.

10 de junho de 2008

Capítulo 16

Crime de lesa esperança

Nos últimos quarenta anos conhecemos muitos combatentes da democracia. Eram verdadeiros heróis vivos. Muitos deles chegaram a ser eleitos. Pouco tempo depois mudaram de lado. O sentimento pequeno burguês de posse e propriedade mostrou-se mais forte.

Todos os povos procedem a revisões de seus muitos períodos históricos. Rever o passado com os olhos do presente. É prática sadia. Permite afastar inúmeras conclusões tiradas sob efeito de emoções imediatas.

O calor dos debates e as circunstâncias presentes, quando os acontecimentos ocorrem, não permitem a captação plena das personalidades em cena.

As figuras carismáticas e os discursos inflamados contra erros políticos e administrativos, em determinados momentos, impedem reflexão. Todas as pessoas se tornam heróis e figuras símbolo.

Durante vários anos, particularmente no período pós 1968, surgiram na cena política brasileira personagens que, pela sua audácia e coragem cívica, mereceram o respeito de toda a cidadania.

Não importava o ângulo de visão do observador. Esse sempre respeitava aquelas figuras impávidas que, com a palavra, ações e atitudes, colocavam-se contra o regime de exceção implantado no país.

Criaram uma literatura expressiva. Uma música de combate duradoura. Cenas teatrais emocionantes. Conferiram exemplos de persistência e abnegação. Foram exemplo para milhões de jovens e adultos.

Alguns sofreram exílio e tortura. Outros a inaceitável perda da nacionalidade, mediante a imposição da hedionda pena de banimento. Tornaram-se apátridas por desejarem uma pátria respeitada.

Tantos são os nomes de oposição nesse período da História que arrolá-los seria tarefa árdua. Desnecessária, além do mais. Alguns poderiam ser esquecidos. Outros comporem a galeria dos sem méritos.

Quem viveu os últimos quarenta anos cruzou, muitas vezes, com esses atores políticos emblemáticos dos movimentos de época. A presença dessas personagens políticas impunha respeito. Eram heróis vivos.

Quantas vezes se ouviram exposições arrebatadas. Cuidadosamente proferidas em pequenos recintos. Ou então em debates realizados no interior de aparelhos clandestinos.

Era a consciência profunda da cidadania que se pronunciava. Merecia silêncio e reflexão. Mulheres e homens expunham-se para evitar que os valores da liberdade e da participação fenecessem.

Toda esta gente – mesmo que eventualmente esquecida – integra o patrimônio cívico de nossa sociedade. Soube resistir e oferecer o melhor de suas consciências para a preservação de valores cívicos maiores.

Foi assim nos anos mais amargos. Conservou-se, assim, quando se iniciou o processo de abertura democrática. Timidamente as primeiras vozes surgiram em público e expuseram-se perante grupos sociais.

Depois, foram os movimentos cívicos de maior extensão, como o da Anistia e das Diretas Já. Nas praças, as vozes antes clandestinas tornaram-se públicas. Atingiram multidões mediante o uso paulatino do rádio e da televisão.

Os primeiros debates, por meio da mídia eletrônica, causaram perplexidade. As audiências eram expressivas e as exibições ao vivo, o que impedia edições manipuladas.

Depois vieram as primeiras eleições diretas para governador. Uma vibração incontida. Os perseguidos de ontem tornaram-se candidatos. Foram os favoritos do voto popular.

Nos primeiros pleitos, a explosão de votos para as oposições ao regime autoritário mostrou-se avassaladora. Surpreendeu os analistas. Levou intranqüilidade ao sistema de poder.

A cada pleito, mais favoráveis às oposições se mostravam os resultados eleitorais. Aqueles que haviam lutado pelo retorno à democracia eram os vencedores. O povo saudava os clandestinos de ontem com o voto. Aclamados como heróis.

O tempo passou. Os quadros administrativos foram preenchidos pelos vencedores de eleições livres. Como acontece em qualquer democracia. As esperanças populares eram intensas. As expectativas imensas.

A tragédia aconteceu. Com o passar dos anos, muitos daqueles combatentes da democracia decepcionaram. Passaram a figurar nos espaços policiais dos veículos de comunicação.

O sentimento pequeno burguês de posse e propriedade mostrou-se mais forte. As ideologias e as doutrinas foram soterradas pela volúpia de poder. A ganância superou princípios e ideais.

A perda é imensa. A frustração da cidadania atinge a perplexidade. Os impolutos das praças públicas tornaram-se peculatários, no interior dos gabinetes governamentais, ou corruptos no cotidiano.

A sociedade não merecia essa agressão. Os falsos heróis não podiam agredir as esperanças tão fortemente lançadas sobre seus ombros. Praticaram o pior dos crimes: o de lesa esperança.

17 de junho de 2008

Capítulo 17

A lição maior do "não"

Já dizia Nelson Rodrigues: "toda unanimidade é burra". Na sociedade midiática da União Européia há um nítido divórcio entre a vontade popular e a intenção dos dirigentes, mesmo que eleitos pelo voto direto. Fenômemo a ser melhor estudado pelos cientistas políticos.

Entre as grandes realizações da arquitetura política, encontra lugar de relevo a edificação da União Européia. Após séculos de lutas fratricidas, os europeus resolveram somar esforços comuns.

Abdicaram de posições nacionalistas. Limitaram suas soberanias. Abriram suas fronteiras. Construíram um espaço econômico comum com grande êxito.

Elaboraram um projeto de Constituição. Em diversos países, esse documento foi levado ao voto popular. Criou-se o primeiro obstáculo. Os franceses e os holandeses votaram contra a proposta.

Os líderes europeus reagiram com resignação ao obstáculo criado pela cidadania dos dois estados nacionais. Deixaram o tempo avançar. Quando os efeitos exauriram-se, voltaram a se reunir, em dezembro de 2007.

Foi no Mosteiro dos Jerônimos, às margens do Tejo e perante a Torre de Belém. Os navegantes – ou melhor, os chefes dos vinte e sete estados europeus – por unanimidade assinaram o Tratado de Lisboa.

A harmonia política voltou à comunidade dos países europeus. Os eurocéticos – aqueles que não acreditam em uma Europa única – sofreram um revés.

O Tratado de Lisboa contém uma exigência. Deve merecer aprovação por todos os signatários. Apenas um estado nacional necessitaria, por motivos constitucionais, de aprovação popular: a Irlanda.

Desconhecida dos líderes europeus, a lição de Nelson Rodrigues ainda uma vez confirmou-se: toda unanimidade é burra. Não deu outra. Um sonoro "não" popular.

Duro resultado. Os eurocéticos exultaram. Não desejam a ampliação dos limites da União Européia para o espaço político. Querem os seus extremos exclusivamente dentro de parâmetros econômicos.

Não desejam um ministro da Defesa comum a toda a comunidade. Muito menos a solução de questões internacionais pela diplomacia da União. Detestam os burocratas de Bruxelas.

A par de todas essas objeções, os antagônicos à União Européia contam, no presente, com aliada poderosa. A crise econômica que abala todas as sociedades, particularmente as carentes de alimentos e petróleo.

O aumento dos preços dos combustíveis aflige a imensa classe média européia que, apesar de seu nível de escolaridade, como todas as sociedades, em tudo coloca a culpa no governante de plantão.

Os dirigentes merecem sempre repulsa. A melhor maneira de vocalizá-la é por meio do voto. Os irlandeses aproveitaram a ocasião do referendo. Proclamaram uma sonora negativa.

Difícil desmontar a bomba. Os tchecos se mostram em defensiva. Prometem rejeitar o Tratado de Lisboa pelo seu parlamento. Os poloneses pensam em novos caminhos jurídicos, além do Tratado de Lisboa.

Já se fala em afastar o alargamento da União Européia. Os países candidatos a ingressar ficam em expectativa. A Croácia sofre. Seria, em princípio, o vigésimo oitavo estado componente da Grande Europa.

A lição maior do "não" irlandês não se encontra nas aparências expostas pelos líderes europeus. Encontra-se, na verdade, na questão crucial a ser enfrentada pelo Século XXI.

Há, por toda parte, onde se adotou a democracia como regime de convivência social, um nítido divórcio entre a vontade popular e a intenção dos dirigentes, mesmo que eleitos pelo voto direto.

As sociedades reagem com intensidade aos vários impulsos advindos da economia e das circunstâncias. Os dirigentes políticos, distantes do dia-a-dia dos cidadãos, costumam se alienar.

Esse é o grande risco. Os quinhentos milhões de europeus pensam de acordo com suas necessidades atuais. Os seus líderes, de conformidade com as premissas elaboradas no passado.

É forte a dissintonia entre essas duas posições. O resultado é obtido de pronto. Consultado o eleitorado, a resposta é contrária à vontade dos representantes.

Os cientistas sociais e os políticos militantes precisam se debruçar sobre essa realidade. O mandato representativo – insiste-se ainda uma vez – nos moldes elaborados na Revolução Francesa esgotou-se.

Uma sociedade midiática a que tudo conhece de imediato necessita de formas de expressão mais diretas. Não se contentará com as decisões de seus representantes elaboradas sem ouvi-las.

Essa é a lição do "não" irlandês. No único estado nacional que submeteu o Tratado de Lisboa ao eleitorado, a resposta foi negativa. Estranho. Muito estranho. Sociedade e representantes não falam a mesma linguagem.

24 de junho de 2008

Capítulo 18

A presença da violência

Desde a colonização, o brasileiro aparece como uma figura cordial, bondosa até. Essa maneira de pensar foi utilizada intensamente pelo Estado. A realidade social era e continua sendo omitida. Para preservar uma ilusória ordem

No decorrer dos anos trinta, intelectuais representantes das mais diversas regiões do Brasil tentaram interpretar a índole do povo brasileiro. Alguns buscaram, em antigas descrições de viajantes estrangeiros, elementos para suas elucubrações.

Ao entrarem em contato com as populações rurais e urbanas da época, os viajantes eram recepcionados sempre com pasmo e estupefação pelos moradores dos mais remotos e díspares rincões.

A cena é fácil de ser imaginada. O europeu branco, portador de instrumentos exóticos – papel e pena de escrever, por exemplo – aproxima-se de um rude habitante do interior brasileiro da época.

Só podia merecer um tratamento diferenciado. O estrangeiro representava o inusitado. Algo jamais visto. Àquela figura exótica oferecia-se o melhor do pouco existente. Os cabralinos também foram recebidos dessa maneira.

Essa realidade – registrada com benevolência pelo europeu – transformou a bonomia própria das pessoas simples em traço da personalidade brasileira. Parcela da academia cunhou a figura do brasileiro cordial.

Alguns foram além. O brasileiro não seria cordial, mas, sim, bondoso. Como criatura boa, geraria a civilização da bondade (sic). Assim prosseguiu o debate, sem qualquer prospecção na realidade.

Tempos bons aqueles. Rousseau bailava nas mentes dos mestres da Universidade recém-criada em São Paulo. Via-se e lia-se tudo em língua estrangeira. Mantinham-se o entorno à distância.

Essa maneira de pensar – o brasileiro como pessoa cordial – foi utilizada intensamente pelo Estado. A realidade social era omitida. A miséria endêmica lançava-se longe dos bairros de classe média urbana.

Lès Misèrables, obra de Victor Hugo, produzia revolta nos nativos bem postos. Fechavam os olhos ao raquitismo e ao analfabetismo presente em proporções assustadoras na sociedade.

Poucos procuravam trazer à luz os descaminhos de nossa formação social. De pronto, esses poucos eram registrados como inimigos da tranqüilidade pública. Agentes perturbadores da ordem.

No entanto, não via quem não queria. A sociedade brasileira sempre contou com traços de inequívoca violência. No sul, bandoleiros agiam audaciosamente. A toda parte, levavam intranqüilidade e insegurança.

Lá, pelo Nordeste, o fenômeno do cangaço corria solto. Por vezes, mantido pelos senhores de engenho, outras como explosão espontânea da tragédia humana vivida pelos retirantes de muitas secas.

Nas cidades, o furto e o roubo espalhavam-se como rastilho de pólvora. Desassossegavam as pessoas. Em cartas, parlamentares referiam-se à possibilidade de capangas darem boa "lição" em adversários.

A violência estabelecia-se, inclusive, no mundo oficial. O governo instalado, no ano de 1822, primeiro agente da construção do Estado nacional, sem qualquer pundonor, dela se utilizava desabridamente.

Decreto Imperial deferiu aos estrangeiros a preservação da nacionalidade de origem ou, livremente, optar pela brasileira. Uma guarnição militar, de cerca de cem homens, desejou preservar a própria nacionalidade.

O Imperador recebeu a decisão da tropa como um ato de rebeldia, apesar de sua autorização à livre opção. Determinou, em ato despótico, que os soldados recebessem, em público, cinqüenta açoites.

Tudo aconteceu no Rio de Janeiro. A violência concretizou-se no Campo de Santana. A selvageria foi ser assistida, do começo ao fim, pelo próprio Imperador e por dois de seus ministros.

Violência pura. Os desgraçados, apesar das súplicas, não foram liberados do injusto castigo. Ao som de tambores e músicas marciais, para abafar os gritos de dor, a centena de soldados sofreu a dor e a humilhação.

O Estado brasileiro, em seus primórdios, contemplou a vontade individual do Imperador com o uso da violência oficial. Nada de cordial e muito menos de bondoso. Apenas a vontade da autoridade como expressão do arbítrio.

Passaram-se cerca de 190 anos. Nada mudou. A autoridade, hoje como ontem, deseja demonstrar sua presença com o uso da violência. Sofre a cidadania.

Os últimos acontecimentos na cidade do Rio de Janeiro evidenciaram que o fio da violência interliga os múltiplos ciclos de nossa História. A vida humana pouco vale.

Para preservar uma ilusória ordem, a lei é violada, os indefesos suprimidos. Essa sociedade, que diariamente recebe notícias alarmantes de violência, não encontra em seu cerne nenhum traço do homem cordial.

Bem ao contrário.

15 de julho de 2008

Capítulo 19

Frustração cidadã

A velha e boa compostura ausentou-se da vida pública. A democracia levantou a tampa que cobria os esgotos públicos. Deu no que deu. Melhor assim, do que a ausência de liberdade, a mais dramática das condições humanas.

Um sentimento de frustração amplia-se na consciência da maioria das pessoas. Os noticiários dos jornais, impressos, televisivos ou radiofônicos, conduzem a um estado de depressão cívica.

Parece que se romperam todos os valores mínimos. A convivência respeitosa. O sentimento de solidariedade. A preservação da integridade do outro. A possibilidade de confiar na autoridade.

São sentimentos colhidos ao vôo do pássaro. Permitem às pessoas viver em uma comunidade e se sentirem psicologicamente seguras. Quando esses valores se encontram ausentes, surge o sentimento de desvalia.

Nas ruas, a qualquer momento, a pessoa pode ser atingida pela má vida. Em seus negócios, constrangida pelos usos irregulares e anormais da máquina pública por maus empresários e piores políticos.

Nada permanece íntegro. Os poderes da República, em graus diferentes, foram atingidos por saraivadas contínuas de notícias constrangedoras. A velha e boa compostura ausentou-se da vida pública.

Todos os países conhecem momentos difíceis. Cada um a seu estilo. De acordo com seus costumes. As crises, contudo, têm duração no tempo e no espaço. Não permanecem indeterminadamente.

Por aqui, as pessoas se encontram atoladas em notícias constrangedoras. Há muitos anos. Crimes inusuais, no cenário privado. Tráfico de influência ou corrupção desabrida apodera-se da administração pública.

Às vésperas da comemoração dos vinte anos da Constituição de 1988, pode-se creditar parte desse cenário aos novos parâmetros comportamentais exigidos dos governos. Já não há lugar para o obscuro.

A exigência constitucional de transparência para todos os assuntos públicos abriu as entranhas do Estado-monstro e as exibiu à cidadania. Nada é sigiloso. Nada é segredo.

A par dessa nova realidade, passou-se a conviver com a plena liberdade de informação. Os veículos buscam notícias por toda a parte e, na prática da concorrência, desejam informar primeiro e melhor.

Às vezes, ocorrem excessos. Melhor esses. Dramático é se conhecer a meia verdade ou o silêncio total imposto pelas ditaduras. Nesses casos, a aparência de normalidade esconde os piores vícios.

A fragilidade moral é própria de cada pessoa. Só a fiscalização recíproca ou da comunidade sobre os governantes pode assegurar os equilíbrios morais necessário para se viver na civitas.

Durante 500 anos, viveu-se no interior de regimes autoritários ou em simulacros de democracia. Só, a partir de 1988, passou-se a conviver com a plenitude democrática.

Exercício difícil. O aprendizado é diário. A leitura dos jornais e a interpretação das notícias transmitidas eletronicamente exigem cuidados superiores, em uma democracia.

Não se pode aceitar a primeira versão. As muitas versões devem ser comparadas. Deve-se captar com cuidado a fala dos governantes. Pode conter intenções diversas das expressas.

Nada é fácil em uma democracia. Esse sentimento, contudo, é altamente compensado pelo privilégio de se viver em liberdade. A ausência de liberdade é a mais dramática das condições humanas.

Saber que há erro e ter que silenciar. Conhecer as mazelas públicas e ter que se calar. São situações que diminuem as pessoas. Enfraquecem o espírito de solidariedade cidadã.

O momento presente é patético. Vive-se um pesadelo moral. Uma avalanche de notícias escabrosas. Um amontoado de fatos lamentáveis. Tudo isso era esperado.

A democracia levantou a tampa que cobria os esgotos públicos. Deu no que deu. Uma explosão fétida. Passará com o tempo. A limpeza será realizada pelos agentes públicos idôneos e capazes. São muitos.

Mas o principal agente é a cidadania. O voto universal, conquistado com grande vigor nesses últimos 200 anos, é arma eficaz e ágil. Dentro de cerca de cinqüenta dias, ele poderá ser utilizado com vigor.

As verdadeiras democracias começam nas comunidades locais. As eleições nos 5.563 municípios podem ser um bom começo.

Escolher bons prefeitos e vereadores idôneos, nesse ano de 2008, pode constituir um bom prenúncio para as eleições presidenciais de 2010. Ou uma frustração qualificada.

Aí não há o que se lamentar. Cada povo tem o governo que merece. Ou empresários de acordo com seu perfil. Restará, nesse caso, entronizar como rei a Macunaíma, o herói sem nenhum caráter.

22 de julho de 2008

Capítulo 20

A História cobra aos insensatos

Uma análise isenta, todavia, registra como origem direta da Declaração, as três grandes revoluções: a Inglesa, a Americana e a Francesa. O cerne desses movimentos vincula-se claramente com os direitos das pessoas. Muitas as personalidades a serem lembradas. No entanto, pela proximidade da data de sua morte – 1809 – e, ainda, pela singeleza de seu pensamento sobre os direitos da pessoa, uma merece lembrança. É Tom Paine. Típica personagem do Século XVIII.

Em dezembro de 1948 – há, portanto, sessenta anos –, a Organização das Nações Unidas, após dois anos de debates, aprovou a Declaração Universal dos Direitos do Homem.

Eram tempos difíceis. A Segunda Grande Guerra terminara. O comunismo se encontrava presente no leste europeu e em grandes espaços da Ásia e da África.

Essas dificuldades exigiram grande cuidado na redação do documento. Ele, porém, pôde consagrar os princípios liberais clássicos sobre a liberdade e os novos direitos sociais e econômicos advindos do pensamento socialista.

A Declaração recolhe o produto de seculares conflitos de idéias e posições desenvolvidos no Ocidente. Alguns autores apontam passagens de livros sagrados como fontes primárias do documento da ONU.

Uma análise isenta, todavia, registra como origem direta da Declaração, as três grandes revoluções: a Inglesa, a Americana e a Francesa. O cerne desses movimentos vincula-se claramente com os direitos das pessoas.

Muitas as personalidades a serem lembradas. No entanto, pela proximidade da data de sua morte – 1809 – e, ainda, pela singeleza de seu pensamento sobre os direitos da pessoa, uma merece lembrança. É Tom Paine.

Afigura-se como típica personagem do Século XVIII. Cheia de vibração cívica e acendrado amor à liberdade. O céu sabe colocar preço em seus bens. Seria estranho que a liberdade não tivesse um alto preço, afirmava Paine de maneira eloqüente.

Lutou pela liberdade. Mas não só. Possuía sensibilidade para captar os acontecimentos sociais que se desenvolviam ao seu redor. Temia pelos conflitos entre iguais. Sabia que esses deixam amarga herança.

A sua imagem e seus pensamentos surgem, espontaneamente, na realidade brasileira contemporânea, quando, sob pretexto de restaurar a lei, governos agem duramente contra civis.

Paine conviveu com situações análogas no decorrer da Revolução Americana e, depois, durante episódios da Revolução Francesa. Viu a violência contra pessoas indefesas. Revoltou-se.

As mortes indiscriminadas levaram o humanista a um desabafo e ao mesmo tempo a uma advertência:

"Os espetáculos cruéis, presenciados pelo povo, destroem nesse a ternura e excitam para a vingança; a baixa e falsa idéia de governar os homens pelo terror, em lugar de pela razão, faz com que aqueles espetáculos se convertam em precedentes. O governo pelo terror só trata de agir sobre as mais pobres camadas sociais, e é precisamente nessas que produz os piores efeitos."

Paine escrevia em resposta ao conservador Edmond Burke. Captou com acuidade a vontade permanente do conservadorismo sem nenhuma visão social.

Esse posicionamento é tolo. Gera ódios e podem ampliar as fossas existentes entre os vários segmentos sociais. Oportuno seria realizar campanhas de esclarecimento pelos meios de comunicação.

Demonstrar o equívoco de se conviver com a má vida. Utilizar-se de um serviço de informações isento para identificar praticantes de delitos. Jamais agir indiscriminadamente contra comunidades inteiras.

Após a morte pelas armas, os corpos arrastados pelas vielas terão um preço. É ainda o próprio Paine que recorda:

"É possível que se diga que não significa nada o que se faz a um homem depois de morto; porém significa muito para os vivos; tortura os sentimentos ou endurece os seus corações, e em qualquer dos casos os ensina como castigar, quando tiverem o poder em suas mãos".

É tempo de refletir. Chegou-se muito longe em ações beligerantes contra pessoas e suas comunidades. A revisão de métodos de ação torna-se urgente. Prosseguir é criar fossas na sociedade.

Aqui, mais uma vez, Paine merece ser recordado. Registrou, com sua costumeira capacidade de captar verdades, que a sociedade é o resultado de nossa necessidade de viver em coletivo.

Viver em sociedade fomenta nossa felicidade positivamente. Une afeições. Os governos, ao contrário, são produtos de nossas maldades. Agem sempre de forma negativa. Devem, por isso, ser limitados em suas ações.

Muitos dirão que é puro romantismo o pensamento do autor anglo-americano. É possível. Às vezes, porém, a visão romântica permite recolher os excessos dos governantes.

É hora de se retornar ao bom senso. Chega de mortes indiscriminadas. De ações que dividem, ao invés de somar pessoas em torno de valores comuns.

A História cobra os insensatos.

29 de julho de 2008

Capítulo 21

Magistratura: o eterno retorno

Hoje, os magistrados buscam aplicar preceitos legais de acordo com as novas contingências sociais. Bem longe da clássica figura plasmada por Piero Calamandrei: o juiz em seu gabinete, refletindo com sua consciência sobre a decisão a ser tomada.

Já se disse que os juízes preferem se encontrar com papéis. Querem as pessoas à distância. Há certa realidade na afirmação. Particularmente, nas instâncias superiores.

Isolam-se os magistrados quando alcançam os tribunais. Afastam-se da realidade. Emergem em um mundo formal, onde os choques do cotidiano não os atingem.

Daí surge a clássica figura plasmada por Piero Calamandrei. O juiz em seu gabinete, a altas horas da noite, refletindo com sua consciência sobre a decisão a ser tomada. Isolado. Só. Longe das influências externas.

Nos dias atuais, raros os juízes configurados pelo processualista italiano. Querem os magistrados se integrar com a sociedade. Ouvir seus anseios. Dialogar com os diversos setores. Influenciar.

É próprio da sociedade contemporânea. Já não existem segmentos sociais insulados. Poucos em poucas ordens religiosas persistem no silêncio dos claustros.

Tudo é vibração nos dias que passam. Os meios eletrônicos de comunicação inebriam. Participar. Falar. Expor. São ações que se tornaram compulsivas.

Essa realidade e as evoluções no cenário do Direito Constitucional conduziram o Judiciário a patamares novos. Hoje, os magistrados buscam aplicar preceitos legais de acordo com as novas contingências sociais.

A velha visão jacobina, nascida na Revolução Francesa, que tornou o juiz mero elo na imposição da lei do Estado ao caso concreto, afasta-se a cada momento do cotidiano do Judiciário.

Com surpresa, alguns setores da sociedade recebem essa nova configuração do Judiciário. Um poder ágil, capaz de entender anseios coletivos. Situações não previstas nas rígidas regras contidas na legislação clássica.

É um mundo aparentemente novo. A isto muitos dão o nome de politização do Judiciário. Pode ser. Um poder, que deseja influir e expõe o seu pensamento de maneira diversa do esperado, está exercendo ação política.

O episódio não é original no Brasil, porém. Apesar de muitos acadêmicos tomarem exemplos europeus e norte-americanos para configurar a nova versão do Judiciário, o tema é antigo nessas terras tropicais.

Quando da formação do Estado nacional, o Judiciário encontrava-se ativo e inspirou fortemente as linhas de pensamento que configuraram a organização nacional.

Pode-se até refluir no tempo. Nas Cortes Gerais, no decorrer de 1821, instaladas em Portugal, onde a participação dos deputados brasileiros foi intensa, o Poder Judiciário figurou como polêmico.

Debatia-se a excessiva ingerência da magistratura nos escaninhos burocráticos e governamentais, aqui no Brasil e lá em Portugal. As palavras eram duras. Alguns diziam ser a magistratura pior que as pragas do Egito.

Os juízes eram considerados despóticos e violentos. Desejava-se conceder às autoridades executivas de além-mar – leia-se Brasil – autorização para suspender magistrados. A proposta foi rejeitada.

Era momento inusitado. D. João VI ainda se encontrava no Brasil, acontecimento que tornara a metrópole colônia e a colônia metrópole. Coisa própria do mundo luso-brasileiro.

Volte-se à magistratura. Durante longo período, os magistrados possuíram condição de elegibilidade. Podiam ser candidatos a deputado. E o foram de maneira avassaladora.

Dominavam os currais eleitorais e os coronéis. Elegiam-se como deputados em "enxurrada". Aos montes. Conquistavam, em seguida, as casas legislativas. Pela cultura, sobrepunham-se aos demais parlamentares.

Começaram as agressões por meio dos debates e da imprensa. Aos deputados, não componentes da bancada de juízes, chamavam de tamanduás, rudes roceiros sem cultura.

A defesa dos magistrados tinha um traço elitista. Apontavam-se como os mais capazes e, assim, com condições superiores para a elaboração das leis. Ou participação nas grandes decisões nacionais.

Grandes figuras do Império foram magistrados. Os juízes formados em Coimbra – e depois em Olinda e em São Paulo – eram o vértice cultural da sociedade. Dominaram por muito tempo.

A presente onda de politização do Judiciário conta, pois, com antecedentes genéticos precisos. A magistratura brasileira sempre participou ativamente dos acontecimentos políticos.

5 de agosto de 2008

Capítulo 22

Cuidado, um dia poderá ser tarde

Preservar a lei é positivo e salutar. É dever. Já romper seus próprios limites sob o pretexto de preservá-la, é altamente preocupante. Trazer à superfície obra sobre o totalitarismo soviético, a escalada nazista, e os resultados de todo abuso de autoridade, é fundamental.

Como se existisse um fio invisível, ligando acontecimentos verificados em tempos diversos, estes, por vezes, aproximam-se, como querendo recordar aos contemporâneos situações passadas.

Meras casualidades. Certamente. Mas essas casualidades não podem ser desprezadas, quando surgem no cotidiano de cada pessoa. Apontam para fatos relevantes. Amargos para a humanidade.

Agora, quando a sociedade e autoridades de relevo debatem os limites de atuação da autoridade policial, ocorre uma oportuna convergência de acontecimentos passados com situações presentes.

A cidadania está de acordo: preservar a lei é positivo e salutar. Mais ainda. É dever. Contudo, sob o pretexto de preservá-la, romper seus próprios limites, é altamente preocupante.

Todos às vezes que isto se deu, feriu-se a legalidade e, portanto, o próprio Estado de Direito. Ou mais diretamente: Foi o início da escalada para o autoritarismo. Este, em passo seguinte, atinge o totalitarismo.

Mas onde estão as coincidências? São duas. A primeira presente nos meios informativos contemporâneos. A outra recua setenta anos no tempo. As duas recordam momentos dramáticos.

Há poucos dias, foi sepultado em Moscou o escritor Alexander Soljenítsin. Um pensador ingênuo e ao mesmo tempo genial, como o retrataram seus conterrâneos.

Certamente, porque ingênuo, mostrou-se altaneiro ao expor as mazelas dos campos de concentração da antiga União das Repúblicas Socialistas Soviéticas.

Só os ingênuos possuem a coragem suficiente para expor as mazelas das sociedades. Os espertos, os aproveitadores de todos os tempos, calam-se e buscam fechar os olhos. Convivem cinicamente com a dor alheia.

Soljenítsin, no período perverso do stalinismo, enfrentou o aparelho do Estado e sua polícia e descreveu a barbárie representada pela prisão de milhares de pessoas em campos de trabalho forçado.

Foi condenado à reclusão. Mas a sua mais conhecida obra – O arquipélago Gulag – fez cair o muro que escondia os horrores praticados pelo socialismo real. Tornou-se grito de alerta contra a perversidade dos totalitarismos.

Ainda no campo das coincidências, uma outra data amarga para a humanidade se aproxima. Em setembro de 1934, o Partido dos Trabalhadores Nacional Socialista Alemão realizou grandiosa convenção.

O trabalho dos marqueteiros da época mostrou-se tão eficaz que o próprio ditador, Adolf Hitler, ficou surpreso com a grandiosidade do espetáculo. A cidade de Nuremberg transformou-se em palco de uma apoteose.

A polícia especial dos nazistas – a SS – desfilou pelas ruas e produziu demonstrações de superioridade perante seus opositores. A SS era polícia partidária. Não respeitava nenhum padrão de legalidade.

Agia em conformidade com os desígnios do Chefe. Nada importava a não ser os objetivos impostos pelo nazismo. As mais violentas práticas policiais espalharam-se por toda Europa continental.

Ainda, nos primórdios da implantação do nazismo, surgiu a Lei de Autorização. Uma lei delegada que, a maneira das medidas provisórias, transferiu ao executivo as atividades legislativas.

A partir desse momento, o governo – leia-se a camarilha nazista – pôde editar as mais alarmantes normas positivas. Perseguiu os não arianos. Exterminou os portadores de doenças incuráveis. Violou todos os valores.

Coincidências, uma contemporânea – a morte de Soljenítsin – outra remota no tempo. Ambas demonstram como pessoas podem sofrer quando governos não conhecem limites para suas ações.

É oportuno, pois, quando o debate em torno do abuso de autoridade se desenvolve, trazer à superfície obra sobre o totalitarismo soviético e data considerada marco da escalada nazista.

Claro que as situações são aparentemente diversas. No entanto, qualquer das práticas democráticas leva ao conseqüente enfraquecimento do Estado de Direito.

Daí a importância – por intermédio da coincidência – de se produzir um alerta e uma reflexão. Ações policiais são oportunas e inafastáveis para a própria segurança da sociedade.

Romper as normas, no exercício do poder de polícia, não condiz com os princípios de uma verdadeira democracia.

12 de agosto de 2008

Capítulo 23

Campanha eleitoral e a farsa

A democracia brasileira acolheu as melhores lições da Ciência Política. O voto, por aqui, é universal, compreendendo toda a cidadania. Um grande avanço democrático em comparação aos demais países. Se é assim, onde estão os erros?

Hoje, em todo o Brasil, se inicia a campanha eleitoral pelo rádio e televisão. Uma notável massificação de imagens e algumas poucas mensagens relevantes.

Eleições municipais inserem-se entre as mais remotas das manifestações políticas nacionais. Desde 1532, quando os portugueses fundaram São Vicente, no litoral paulista, praticam-se pleitos comunais.

Alguém poderá objetar. Os pleitos regidos pelas Instituições do Reino abrigavam apenas o voto censitário, isto é, o voto dos que possuíam propriedades ou rendimentos. Ou em linguagem da época, os homens bons.

A crítica é infundada. Os sistemas eleitorais, naqueles tempos, contemplavam exclusivamente o voto das elites econômicas. O povo só muito – muito mesmo – mais tarde passaria a eleger seus representantes.

A democracia, em nenhuma parte, atinge a extensão existente hoje no Brasil. A amplitude do colégio eleitoral ativo, aquele formado pelos eleitores, é imensa no nosso cenário político.

A partir dos dezesseis anos e sem qualquer limite de idade, mulheres e homens votam com igual peso e sem obstáculo de qualquer natureza.

A democracia brasileira acolheu entre seus postulados as melhores lições da Ciência Política. O voto, por aqui, é universal, compreendendo toda a cidadania. É exercitado de forma secreta.

É, pois, confortável a posição da democracia brasileira em comparação aos demais países. Não há ressalvas a serem apresentadas quanto à nossa mecânica eleitoral.

Se assim o é, onde estão os erros? Eventualmente, na forma de financiamento das campanhas eleitorais. Pergunta-se: este deve ser público ou privado? Resposta difícil.

Em princípio, o sistema brasileiro atinge as necessidades da prática política. Os partidos recebem recursos do Fundo Partidário, o que permite a manutenção de suas atividades rotineiras.

As campanhas – assim como a manutenção dos partidos – admitem doações de particulares. Completam-se, assim, com sabedoria, as condições da atividade política. O Estado suporta a atividade partidária. Os particulares, as campanhas dos candidatos.

No entanto, quando se inicia o horário gratuito – ou guia eleitoral – no rádio e televisão, cuja transmissão também é suportada pelo Estado, cabe examinar-se o tema a partir de outros e variados ângulos.

Ninguém discute a oportunidade da propaganda eleitoral pelos meios eletrônicos. Populariza os candidatos e permite a estes oferecer seus programas de governo.

O mal fica por conta da imaginação dos postulantes e dos operadores de campanhas. O rádio e a televisão destinam-se a difundir as atividades partidárias. As mensagens dirigidas pelos candidatos ao eleitorado.

Aqui a deformação. Os candidatos deveriam expor pessoalmente seus planos de governo. Com clareza e precisão, mesmo quando limitados a pequenos espaços de tempo. Nada de terceirização.

Os malabarismos imaginados pelos marqueteiros de plantão podem ser úteis à divulgação de produtos comerciais. Jamais para expor personalidades que pretendem ser líderes de suas comunidades.

Seria oportuno que membros do Poder Judiciário, titulares de funções judicantes, examinassem a propaganda eleitoral à luz da legislação existente e das boas práticas democráticas.

Nas transmissões de maior duração, apenas a presença do candidato, expondo suas idéias, seria o ideal. Nada de pirotecnias. Vinhetas enganosas. Mistificações. Farsas.

O eleitor já se encontra avisado. Ainda assim, seria útil a análise do tema pelo Poder Judiciário Eleitoral. Prestaria a jurisdição especial serviço à democracia se pusesse fim à deformação presente nas campanhas eleitorais.

Muitos candidatos sem qualquer conteúdo atingiram postos eletivos graças a mistificações elaboradas por técnicos em comunicação. Os eleitos, dessa forma, segundo crônicas, poucas vezes têm se demonstrado bons cidadãos.

Uma decisão do Judiciário Eleitoral e uma audiência crítica da cidadania poderão permitir, a partir da campanha que hoje se inicia, no rádio e na televisão, uma salutar melhoria nos hábitos políticos.

19 de agosto de 2008

Capítulo 24

Lá como cá, Supremo trabalho dá

Sempre que um tribunal assume o perfil de Corte Constitucional surgem adversidades. Autoridades conflitam entre si. O Executivo sente-se diminuído. Judiciário aviltado.

No momento em que o Supremo Tribunal Federal assume nítida conformação de Corte Constitucional, alguns questionamentos se colocam para o observador leigo.

Com a aplicação da Emenda Constitucional n. 45, alteraram-se os rumos da Corte Maior. Já não conhecerá meros conflitos privados. Irá ocupar-se de assuntos comuns a toda cidadania.

Aumentará a exposição dos ministros. Diminuirá o acesso das partes à Corte, considerado o universo de interesses. O Supremo assumiu a postura de tribunal restrito aos grandes temas.

Claro que a mudança é oportuna. Não podia o Judiciário contar com tantas instâncias recursais. Conflitos de interesses, no âmbito estritamente privado, não podiam bloquear a pauta do Supremo Tribunal.

Afastava-se essa situação da filosofia que orienta os tribunais constitucionais de toda a parte. O Brasil diferenciava-se. Os ministros se encontravam sufocados por uma onda avassaladora de questões rotineiras.

Mudou o cenário. O Supremo ampliou sua visibilidade e se transformou em um tribunal com traços políticos. Ingressa em assuntos que pareciam da competência exclusiva do Legislativo. Incomoda o Executivo.

Só os ingênuos não anteviram os efeitos da Emenda n. 45 à Constituição. Foi festejada pelos três poderes como uma grande vitória. Enfim o Judiciário seria reformado.

As reformas têm custos inesperados. É o caso da atual atuação do Supremo perante os dois outros poderes da República. O Executivo, aqui e ali, sente-se importunado. O Legislativo constata a perda de funções.

Na verdade, os mecanismos de Poder enfim vão se engrenando e transformando a realidade nacional. As constituições escritas e rígidas necessitam sempre se adaptar às novas circunstâncias sociais e históricas.

Cabe essa tarefa a uma Corte Constitucional, portanto ao Supremo Tribunal Federal. Acontece que esse novo aspecto da jurisdição, quando começa a atuar, causa mal-estar e desconforto nos demais Poderes.

É exatamente o que está ocorrendo. As treze súmulas vinculantes editadas pelo Supremo Tribunal Federal atingiram órgãos da jurisdição. Costumes tradicionais da máquina pública. Formas administrativas cimentadas.

É grita por todo lado. Todos querem saber o pensamento dos ministros. Usa-se até escuta telefônica para conhecê-lo antecipadamente. Um horror. Não surpreendente, porém.

Sempre que um tribunal assume o perfil de Corte Constitucional surgem adversidades. Autoridades conflitam entre si. Executivo sente-se diminuído. Judiciário aviltado.

Há cento e cinco anos, a Suprema Corte dos Estados Unidos iniciava sua atuação como intérprete da Constituição. O caso é precioso. Deu início à rica jurisprudência constitucional norte-americana.

O presidente da República era Thomas Jefferson, uma figura refinada e com traços diferenciados. Religioso sem freqüentar templos. Filósofo ao estilo francês, agia com grande mobilidade na política.

Homem culto e intensamente popular. Parecia não ter adversários. Mera ilusão. Seu grande inimigo apresentava-se na figura do famoso e muito citado John Marshall.

Exatamente aquele magistrado que enunciou firmemente a doutrina da revisão judicial. Ou seja, firmou a missão da Suprema Corte de constatar se as leis se encontram conforme os preceitos constitucionais.

Uma revolução. O primeiro caso – Marbury *vs.* Madison – tinha como parte personalidade conhecida como o principal autor da Constituição americana de 1787.

Madison, bom jurista e mau político, impediu a posse de um juiz de paz nomeado nas últimas horas do governo Adams. A Suprema Corte decidiu não possuir jurisdição para tratar de nomeações.

Marshall, inimigo de Jefferson e de Madison, buscou contrariar as duas personalidades. Concebeu decisão pioneira. Deflagrou a jurisprudência relativa à inconstitucionalidade das leis.

Julgou inconstitucional a lei que impedia a Suprema Corte de analisar nomeação de funcionários. Gerou corrente doutrinária cantada em prosa e verso pelos constitucionalistas. Tudo fruto da luta política.

No Brasil, não será diferente. As idiossincrasias pessoais poderão conceber novas interpretações e novos rumos para o Direito. Basta observar o desenrolar das sessões do Supremo Tribunal Federal.

9 de setembro de 2008

Capítulo 25

Longa discriminação

Muitas mulheres, no interior dos festejos da Independência, de maneira abnegada, lutavam para se inscrever como eleitoras. Os homens resistiam bravamente. Dar direito ao voto às mulheres seria pretender corrigir a obra da natureza. Amesquinharia muito o papel de mãe de família. Somente em 1930, o direito seria conquistado. E, parcialmente. Apenas as mulheres funcionárias públicas podiam votar.

Em 1922, com grande entusiasmo, comemorou-se por todo o Brasil o Centenário da Independência. Os festejos foram dilatados. Monumentos comemorativos descerrados. Exposições inauguradas.

Normal e meritório. Os cem anos do Estado Nacional mereciam e precisavam ser lembrados. Com o Brasil independente, nascia a cidadania. Os direitos políticos foram conquistados pelos brasileiros.

Em parte, porém, grande segmento da nacionalidade achava-se submerso na intransigência e na intolerância políticas. Não podia participar dos colégios eleitorais. Sofria a negativa ao direito de votar.

Muitas mulheres, no interior dos festejos da Independência, de maneira abnegada, lutavam para se inscrever como eleitoras. Os homens resistiam bravamente.

Hoje, dignos de riso, os argumentos pareciam imbatíveis. Às mulheres cabe cuidar do lar. A missão da mulher é mais doméstica do que pública, mais moral do que política.

Ponto e basta. Eram esses os fundamentos de decisão judicial impedindo uma jovem acadêmica de Direito, aluna da Faculdade do Largo de São Francisco*, de se inscrever como eleitora.

Não conseguiu seu intento, apesar de sua árdua luta judicial. Os homens, no exercício da judicatura, suportavam-se em interpretação literal do texto constitucional de 1891.

Apenas os cidadãos brasileiros possuíam direitos políticos. Ou seja, os do gênero masculino. As mulheres, pois, não se encontravam incluídas no dispositivo correspondente aos direitos políticos.

O Clube do Bolinha defendia-se. Com unhas e dentes. Nada de mulher eleitora. Muito menos o exercício de mandatos eletivos. Repletos de artimanhas e pecados, estes não condizem com a presença feminina.

O preconceito ia ainda mais distante. Em eleições estudantis, no interior do tradicional Centro Acadêmico XI de Agosto, da Faculdade de Direito, hoje integrada à Universidade de São Paulo, mulher votava em separado.

Quando da contagem de votos, os escrutinadores tendiam pela impugnação do voto feminino. As sobrecartas mereciam marca especial. Não podiam ser inseridas na urna. Ficavam à parte.

A discriminação correu longo caminho. Como todo preconceito, apresentou-se duro de ser desbaratado. Perdurou apesar dos muitos embates. Estes começaram com a República.

Nos trabalhos constituintes de 1890, os debates sobre o voto feminino mostraram-se acalorados. Os antagônicos ao direito da mulher votar contavam com um argumento básico.

Não se reconhecia à mulher capacidade social para o exercício do direito do voto. Ela devia se recolher ao recôncavo do lar. Criar filhos. Razão possuía Aristóteles.

Conforme constituinte da época, o filósofo grego fora taxativo. O homem é o único ente capaz de exercer a função política. Esse argumento de autoridade foi brandido com exuberância.

---

* Diva Nolf Nazario é autora do livro *O voto feminino e feminismo* – edição da autora – 1923 – suporte desta coluna (aviso aos candidatos: até hoje, a feminista não é nome de rua).

Foram além os constituintes republicanos. Não tiveram censura em suas afirmações. Um lançou-se contra o voto feminino sem limites. As mulheres não possuíam atributos para o exercício da política.

Conceder-se às mulheres o direito ao voto seria pretender corrigir a obra da natureza. Amesquinharia muito o papel de mãe de família. Um ato indecente, finalizou um parlamentar.

Longos debates. Terminaram com uma sonora negativa. As mulheres tiveram que esperar muito. Só com o Tenentismo, o direito seria conquistado. Corria o ano de 1930.

Em partes, é verdade. Apenas as mulheres funcionárias públicas obtiveram o direito de votar, no primeiro passo. Somente com o Código Eleitoral de 1932, chegou-se à universalidade do voto feminino.

Parece mentira. Especialmente nessa véspera de eleições municipais. Tantas as mulheres candidatas. Maior o número de eleitoras. A luta das mulheres, no entanto, até 1930, foi incessante. Árdua e preconceituosa.

16 de setembro de 2008

Capítulo 26

E as lições do John Bunyan?

É amargo o que se desenrola nos EUA. Ofereceram tantas lições ao mundo e não foram capazes de cuidar de seu próprio quintal. Como já descrevia John Bunyan, a linguagem singela do povo aponta para os princípios satânicos da vaidade e da hipocrisia.

Quem percorreu os longos anos do último século, conheceu situações extravagantes. Conviveu com duas guerras mundiais, ambas suportadas na tolice de dirigentes de estados nacionais europeus. Nas duas, morreram milhões de pessoas e, no segundo conflito, as batalhas não se limitaram a meras ações militares. Transformaram a população civil em alvo preferencial da violência.

Não bastaram as guerras. Totalitarismos assenhorearam-se dos destinos de dois povos particularmente cultos – alemão e russo – e castraram as liberdades.

Foram além. Conceberam áreas de pleno terror, como os campos de extermínio idealizados pelos nazistas e os gulags edificados pelos comunistas.

O fascismo e o comunismo aniquilaram séculos de elaboração de idéias e instituições dirigidas à preservação da liberdade individual e dos mecanismos de limitação do Estado.

Foi tudo por água abaixo. Ou melhor, substituíram a boa água pelo sangue derramado pelas vítimas de colossais agressões, antes desconhecidas pela História do Ocidente, salvo nas estreitas masmorras da Inquisição.

Houve mais. Crises econômicas na Alemanha antes do nazismo e a partir dos Estados Unidos nos anos amargos do crack de 1929. As sociedades viveram as conseqüências da má gestão econômica.

Milhares de trabalhos foram elaborados. Autores dedicaram-se a estudos sobre o tema. Conferências internacionais desenvolveram-se. Escolas foram criadas para a reflexão sobre os dois casos.

Tudo em vão. Nada se aprendeu. Ao contrário, a vaidade, inerente aos humanos, avolumou-se na mente dos operadores da economia. Mostraram-se incapazes de antever o futuro, a partir dos eventos citados.

Nada valeram as situações vividas. Ao contrário, agravaram-se. Quando os Estados Unidos conheceram a crise de 1929, ainda se encontravam presentes os princípios e os valores dos primeiros colonizadores.

A ética calvinista contava com espaços entre os americanos. Na Alemanha, a atenuante para a situação, se colocavam os efeitos do Tratado de Versalhes, documento considerado injusto e opressivo por intérpretes isentos.

Agora não há desculpas. Um bando de desavisados assumiu a direção de instituições financeiras e transformaram propriedades imobiliárias em meros registros contábeis.

Multiplicaram garantias reais ao infinito e no infinito encontraram o nada. O episódio lembra o Encilhamento, descrito por Taunay, ocorrido no Segundo Império, aqui no Brasil.

Não houve perdão. Até o hoje, o acontecimento – local e limitadíssimo – é examinado por quem aprende com a História. Bem diferente do que acontece com os operadores das economias centrais.

Querem amealhar seus proveitos de pronto. Lixe-se o público. Onde está o *trust* tão cantado em verso e prosa? Dilapidou-se a confiança, base fundamental do capitalismo.

É amargo o que se desenrola presentemente nos Estados Unidos. A empáfia das autoridades monetárias americanas se encontra corroída. Foram incapazes de fiscalizar suas próprias instituições financeiras.

Ofereceram tantas lições a todos os povos do mundo. Não foram capazes de cuidar de seu próprio quintal. Um quintal que desconsidera os valores centrais da cultura americana.

O capitalismo, antes modelado pela religião, transformou-se em dramática máquina de ganho fácil. Sem limites e escrúpulos. As autoridades federais dos Estados Unidos esqueceram de agir.

Sempre prontos a dar lições aos outros povos, os dirigentes dos Estados Unidos necessitam recompor seus próprios princípios. Reavivar os seus valores morais.

As autoridades estadunidenses encontram-se obrigadas a uma profunda autocrítica. Fraudou-se, na crise atual, o mais significativo para um povo: o conceito de honra. Ou, o sentimento de confiança.

A linguagem singela do povo – como descrita por John Bunyan* – aponta para os princípios satânicos da vaidade e da hipocrisia. Eles aniquilam uma sociedade, no interior da Cidade da Destruição.

23 de setembro de 2000

---

* John Bunyan é autor do livro *The Pilgrim's Progress*, clássico da literatura puritana.

Capítulo 27

Eleições, o grande momento

O brasileiro possui tradição eleitoral. Vai votar porque valoriza este momento superior da cidadania. Os candidatos a prefeito já apresentam bom nível de escolaridade... Torna-se a eleição instrumento de inserção social.

Chegou a hora. Faltam cinco dias. Tempo suficiente para uma reflexão profunda. Domingo, dia cinco de outubro, eleições municipais nas cinco mil quinhentas e sessenta e três cidades.

Se forem abandonados os constrangimentos de sempre, impostos pelo patrulhamento dos politicamente corretos, um traço de bom orgulho cívico deve permear as consciências.

Eleições, nessas terras, oferecem espetáculo único. Em um só dia, cerca de cento e trinta milhões, quatrocentos e sessenta e nove mil, quinhentos e quarenta e nove eleitores são chamados às urnas. E comparecem. Abstenção é tradicionalmente baixa.

Os pessimistas de sempre dirão, de pronto: "O voto é obrigatório". Em termos. As multas são ínfimas e tradicionalmente, após um pleito, surge uma anistia.

Sabe, pois, o eleitorado ativo não correr risco pela sua ausência – ainda porque pode justificá-la. Vai votar porque valoriza esse momento superior da cidadania.

O brasileiro possui tradição eleitoral. É tão antiga quanto a própria existência do Brasil europeu. Com a chegada dos portugueses, a partir de 1532, data da fundação de São Vicente, vota-se abaixo do Equador.

Não é só. A partir de 1933, quando da publicação de um Código Eleitoral, as práticas eleitorais foram continuamente se aperfeiçoando. Primeiro, as cédulas individuais. Depois, as chamadas cédulas únicas.

No momento contemporâneo, o voto digital. A urna eletrônica, em sua simplicidade básica, é avanço notável. A segurança na captação de votos, presteza e confiabilidade na apuração.

Não é só, porém. Os próprios usos eleitorais se qualificaram. Os candidatos ao executivo municipal, em geral, apresentam bom nível de escolaridade. Expõem com clareza suas intenções. Usam um discurso respeitoso.

Não atingiram, contudo, melhor patamar os candidatos a postos nos legislativos municipais. Há um traço *naif* – permita-se o galicismo – para se evitar o vernáculo: traço primitivo na maioria dos concorrentes.

É preciso dar tempo ao tempo. A democracia é processo de aprimoramento do civismo. Só pelo seu exercício contínuo, patamares podem ser vencidos. A qualidade dos pretendentes à vereança deverá melhorar paulatinamente.

Apesar dessa observação, com traço melancólico, pode-se admirar a outra face da moeda. Os candidatos às Câmaras Municipais surgem, em geral, dos segmentos mais deprimidos da sociedade.

As campanhas eleitorais permitem uma integração desses candidatos com as comunidades onde vivem. Torna-se a eleição instrumento de inserção social, particularmente nas grandes cidades e nas megalópoles.

A análise dessa campanha, em seus dias derradeiros, é positiva. O aperfeiçoamento dos costumes eleitorais é flagrante. Já não se faz política com emoção. Certa racionalidade ingressou no jogo cívico.

Onde estão as grandes questões? Elas não foram apresentadas aos eleitores. Vota-se por impulso. Com pouca atenção sobre a vida pregressa dos candidatos.

Essa observação é particularmente válida quando se trata de Câmara de Vereadores. Vota-se sem convicção. Escolhe-se sem profundidade de análise.

Aqui o grande equívoco. O colégio eleitoral ativo – o eleitorado – precisa se debruçar sobre as listas partidárias. Examinar os nomes oferecidos à escolha do eleitor.

Entre figuras folclóricas e de inusitada simplicidade, existem personalidades ilustres que poderão fazer a diferença. É preciso alterar os costumes dos legislativos municipais. Cabe aos eleitores.

A democracia contemporânea se realiza, especialmente, por via de conflitos entre os múltiplos segmentos sociais. Busque-se o melhor, no segmento onde o eleitor encontra abrigados seus interesses. E vote-se.

Divagações sobre eleições são muitas. Na verdade, o ato de votar é momento único e individual. Ninguém deve se imiscuir na intimidade do eleitor. Essa a verdade.

Uma tranqüilidade surge, a partir dessa observação. Os resultados, a serem proclamados na noite do próximo domingo, em qualquer direção partidária, indicarão os melhores.

Foram os escolhidos pela cidadania. Essa, apesar das eventuais aparências, em contrário, nunca erra. É a vontade soberana do povo, a ele cabe indicar seus próprios caminhos.

30 de setembro de 2008

Capítulo 28

Começou, é só esperar

Aposta-se nas marolas, por patriotismo e sentimento de sobrevivência. O mero mar agitado, contudo, conduzirá à crise econômico-financeira, com todas suas inevitáveis conseqüências sociais. Como também despertarão fortemente as críticas às políticas públicas em curso.

As pessoas começaram a sentir os efeitos da crise econômica. Ainda de maneira leve no dia-a-dia. Psicologicamente, contudo, todos se encontram sensibilizados.

Há algo no ar que não é avião de carreira, como diria o sábio Barão de Itararé, o Apporelly, jornalista de outros tempos, quando a ironia substituía a sisudez dos analistas econômicos.

Todos já perceberam. Os meios de comunicação espalharam a má notícia. A economia chave, os Estados Unidos, não se portou dentro das boas práticas corporativas.

Quebrou. Na sua imensa ruptura, leva os periféricos, de maneira gradual, a situações de desequilíbrio. O desconforto será geral. Pequenos países se mostram inviabilizados. Economias privadas em apuros.

Os bancos centrais atuam nas madrugadas à espera do amanhecer das bolsas. O resultado das trocas financeiras. Os otimistas acreditam no milagre. Em breve, tudo estará normalizado.

Os pessimistas estendem a crise por muitos anos. Dez anos, duração similar à Grande Depressão dos anos de 1930. Apontam para o fim da Era da Prosperidade.

Tudo é semelhante. Agrava-se em virtude da rápida propagação das notícias pelos meios instantâneos de comunicação. As boas e as más notícias se divulgam com a mesma intensidade.

As más levam vantagem. São em número maior. Atingem a todos. Já não agridem apenas aos situados no vértice da economia. Chegam à classe média. Retiram as migalhas dos miseráveis, o lupemproletariado.

É o efeito dominó. As pedras sucedem-se na queda. Não se ouve, porém, falar em punições. Ninguém ousa propor uma Guantánamo para os culpados.

No entanto, agressores dos mais elevados valores dos Estados Unidos agiram sorrateiramente durante anos. Amealharam fortunas. Desgraçaram pessoas que neles confiaram.

É claro que o episódio, amargo e estarrecedor, terá conseqüências políticas. A campanha presidencial americana encontra-se em pleno desenvolvimento.

Os candidatos apresentam suas propostas. Examinam os efeitos da crise. Afastam-se das causas. Temem os financiadores de campanhas. Ficam apenas nos efeitos.

A sociedade estadunidense dará sua resposta em novembro. Difícil oferecer resposta antecipada. O eleitorado optará por alternância no poder? Manterá os republicanos na presidência?

São indagações correntes, mas irrespondíveis. Sequer os analistas bem situados terão conhecimento e intuição para uma análise segura. Só divagar sobre a situação é possível.

Ora, se as incertezas se colocam no cenário político dos Estados Unidos – com repercussão generalizada – o mesmo questionamento mostra-se oportuno para o campo doméstico.

A crise – em meras marolas ou em perfil de tsunami – atingirá o Brasil. Ainda uma vez, espera-se que Deus se mostre brasileiro. É esperança legítima. Permitirá a confirmação das marolas presidenciais.

Aposta-se nas marolas, por patriotismo e sentimento de sobrevivência. O mero mar agitado, contudo, conduzirá à crise econômico-financeira, com todas as suas inevitáveis conseqüências sociais.

Como reagirá a política nacional até 2010? Pergunta ainda não formulada sequer à meia voz. Parece politicamente incorreto. Necessária e oportuna, porém. A resposta apontará os futuros caminhos até a presidência da República.

Os acontecimentos futuros poderão atingir os governantes de todos os entes federados, a República, os estados e os municípios. As popularidades poderão despencar. Quanto mais alto o cargo, maior o tombo.

Aí, os áulicos se calarão. As críticas crescerão. O povo se afastará. O céu azul se transformará em tormenta. Atingirão alto grau, as críticas às políticas públicas em curso.

É só esperar para ver. Após vinte e seis de outubro, data do segundo turno das eleições municipais, o Brasil voltará a contar com oposição. A campanha presidencial vai começar.

14 de outubro de 2008

Capítulo 29

Barcelona, a exuberância contida

Diante da crise, os catalães mostram seu desconforto pelas ruas da capital. É traço da vitalidade de uma gente que nunca se cala. Nas demais praças de todo o mundo, apenas passividade.

Os catalães são exuberantes. Falam e gesticulam com expressividade. Possuem coragem e destemor. Quando da guerra civil espanhola, permaneceram em combate contra o fascismo até a exaustão.

Cultuam seus costumes e seu idioma. Até alguns meses, mostravam-se otimistas. Empresários ativos viam perspectivas de negócios em todas as latitudes.

Projetavam números ascendentes para a Catalunha. Previam ampliação do bem estar de seus habitantes. Existia suporte para esse otimismo. Barcelona, sua capital, é uma cidade urbanisticamente exemplar.

Antes de costas para o Mediterrâneo, hoje, graças a intervenções urbanísticas bem sucedidas, passou a conviver com a montanha e as orlas do Mediterrâneo. Tornou-se graciosa e leve. Preservou sua cultura milenar.

O panorama físico permanece imutável. As construções de Gaudí enfeitam sua paisagem. Ruas desenhadas com harmonia cortam seus espaços urbanos.

A gente catalã mudou. Já se notam traços da crise. Preocupação com o amanhã. Os seus acadêmicos analisam os dados econômicos com frio bisturi.

Apontam uma longa recessão. Dez anos. As coisas só começarão a melhorar lá por 2012. Paulatinamente. Como os catalães costumam ser precisos em suas análises, há porque parar para pensar.

As previsões merecem espaços nos grandes jornais da Catalunha. *La Vanguardia* registra depoimentos. Recolhe análises de professores das universidades locais. Sempre realistas.

O cotidiano da cidade espelha, agora, cenários esquecidos. Os socialistas desfilam em passeata. Volta-se a ouvir o canto da velha e conhecida Internacional Socialista, música de tempos esmaecidos.

Estudantes acorrentam-se. Realizam greve de fome. A cantina universitária foi fechada. A companhia aérea entre a Venezuela e a Espanha suspende seus vôos. Já não há passageiros.

Pequenos episódios demonstram, contudo, novo cenário. Os europeus, entre eles os catalães, já não mostram o otimismo de outros tempos. Há desemprego. A construção civil cessa seu crescimento.

Resta esperança. Em momentos de recessão, as pessoas retraem-se e passam a refletir sobre o entorno. A atual crise do capitalismo poderá levar à concepção de novos instrumentos.

As instituições de ensino sediadas em Barcelona contam com professores e pesquisadores de alta reputação. Poderão oferecer novas visões para velhas práticas.

A atual crise financeira mundial parecia inconcebível há poucos meses. Tudo ia conforme o figurino previsto. A mão invisível – prevista por Stuart Mill, o pensador inglês – de repente se recolheu.

O choque foi inevitável. Os gananciosos e trapaceiros de todos os perfis aproveitaram. Deu na especulação geral. Todos procuraram ganhar sem trabalhar.

Alguns poucos amealharam fortunas. Retiram-se antes do naufrágio. A imensa maioria de ingênuos sofre as conseqüências. Faltou autoridade monetária.

Os cidadãos dos países periféricos precisam obter explicações. Aquele que age irresponsavelmente responde pelos seus atos. Os operadores financeiros norte-americanos não podem passar ilesos.

Há tribunais internacionais para crimes contra a humanidade. A atual crise, fruto de inconseqüentes, aponta para a violação do direito à sobrevivência de milhões de pessoas crédulas não iniciadas em finanças.

Os catalães, aqui e ali, mostram o desconforto nas ruas de sua capital. É traço da vitalidade de uma gente que nunca se cala. Nas demais praças de todo o mundo, apenas passividade.

Os muitos anos de capitalismo sem limites fragilizaram as vontades individuais. Já não se protesta. O silêncio substitui os impulsos individuais e coletivos. Levam vantagens os espertos.

Só resta andar pela La Rambla. Observar. Há movimento. Continua igual o admirável multicolorido dos alimentos expostos, nos mercados populares. O brilho nos olhos das pessoas mudou, porém.

21 de outubro de 2008

Capítulo 30

Hofbräuhaus

Terceiro Reich. Propostas como a nacionalização de empresas e a reforma agrária estavam na sentença inédita na Itália e traz à tona novo debate: a Corte condenou cumulativamente o executor das mortes em 1944 e o Estado alemão. Um Estado incidindo sobre outro Estado soberano.

O momento exigiria a análise específica dos resultados eleitorais. Há outros temas relevantes, contudo. Por exemplo, a ausência de transferência do eventual prestígio político de algumas personalidades a seus candidatos.

Muitas seriam as observações às opiniões e reflexões sobre o futuro da convivência partidária no País. Contudo, algo se tornou claro. É bom frisar, sem maiores divagações.

A consciência do eleitor quanto à necessidade de preservação da autonomia das unidades federadas. Os resultados eleitorais são nítida demonstração dessa realidade.

No município, vota-se de acordo com os interesses locais. Opinião de fora não importa. Cada munícipe, na pequena comuna ou na grande cidade, conhece melhor as questões prioritárias.

Eleições transformaram-se em rotina. De dois em dois anos, o ritual democrático aperfeiçoa-se. Tudo corre com normalidade. Os raros incidentes, quando ocorrem, não possuem profundidade.

Em terras estrangeiras, sim, geram-se novidades inacreditáveis. A par da crise econômica, que aflige em ondas todas as sociedades, inclusive o propalado porto seguro tupiniquim, há outras novidades.

E como. As cortes judiciárias européias se encontram em atividade incessante. Parecem querer superar o nosso Supremo Tribunal Federal em novidades. Basta acompanhá-las.

É da Itália, todavia, que vem a decisão capaz de fazer história. Repercutirá por toda a parte. Certamente, junto aos países latino-americanos que conheceram regimes de exceção.

No ano de 1944, os habitantes de Civitella, Cornia e San Pancrazio foram alvos de extermínio em massa por tropas alemãs em represália à morte de quarenta e quatro nazistas.

Crianças, homens e mulheres, algumas antes violentadas, foram submetidos a fuzilamento sumário. O sargento Max Josef Milde comandou a operação de massacre. Foram duzentas e três pessoas exterminadas.

Milde foi condenado à prisão perpétua. Os familiares das vítimas do extermínio solicitaram à Justiça italiana reparação civil pela violência que sofreram seus parentes.

Até ai, nada de novo. A novidade é a presença do comandante da operação em litisconsórcio com a República Federal da Alemanha como réus da ação. O governo alemão contestou.

Defendeu-se. Baseou-se em um tratado de 1947 e acordos firmados em 1961. Em vão. Em sentença inédita, a Corte de Cassação italiana condenou cumulativamente o executor das mortes e o Estado alemão.

A execução da decisão apresenta-se como um episódio judiciário inédito. A justiça de um Estado avança além dos limites de sua soberania. Condena outro Estado soberano a indenizar vítimas de suas tropas.

Presente ainda o tema prescrição. Surge o princípio clássico. Os crimes contra os direitos humanos são imprescritíveis. Sob este ângulo, a decisão italiana necessita ser melhor examinada em seu conteúdo.

A mera notícia da decisão, ora presente na imprensa, leva a sua inevitável repercussão no cenário jurídico de todas as sociedades. Interessante ainda é acompanhar seus efeitos no sofisticado mundo jurídico alemão.

Volta-se com essa decisão aos tumultuados dias de 1920, quando um medíocre pintor, em uma cervejaria de Munique, incendiava o ambiente com seus discursos inflamados.

Hitler, um fundamentalista, expunha o seu programa de vinte e cinco pontos. Estes gerados pela crise moral e econômica que atingia a Alemanha. Parecia impossível implantá-los.

Propunha a nacionalização das grandes empresas. Desejava uma reforma agrária. Pregava uma reforma da educação. Buscava a formação de um forte governo central. Defendia a criação de conselhos de categorias econômicas.

Ninguém – a princípio – levou a sério as propostas do aventureiro. Elas, todavia, concretizaram-se. Originaram o Partido dos Trabalhadores Nacional Socialista Alemão, denominação que permitiu a sigla do nazismo.

Uma cervejaria – Hofbräuhaus –, um fundamentalista e uma crise econômica refletem seus efeitos por gerações. O presente efeito: a decisão da Justiça de um Estado incidindo sobre outro Estado soberano.

28 de outubro de 2008

Capítulo 31

Em jogo os direitos cívicos

Todos já perceberam que determinados institutos, integrantes da vida política, entraram em estado de fadiga. Deformaram-se com o uso. O voto proporcional e as sobras eleitorais precisam de rearranjo. Todos os partidos devem contar com direitos idênticos? Mesmo aqueles que não mereceram apoio popular? Uma cláusula de barreira necessita ser aplicada, sob pena de perda de eficiência do sistema. As eleições, em todos os âmbitos federativos, devem se realizar em datas diferentes ou em um só dia? Há quem queira apenas eleições de quatro em quatro anos.

Sem qualquer preparativo, vozes apontam para novos debates sobre uma reforma política. Lá no Congresso Nacional, a partir da Câmara Federal. Ainda nesse ano. Prometem.

Não parece existir uma pauta expressiva para a análise de tamanha referência. Fala-se – a boca pequena – que o ponto principal da reforma política planejada consistiria no fim da reeleição.

Apenas isto. Ou melhor, um pouco mais do que isto. Junto com o fim da reeleição, instituto espúrio na vida constitucional brasileira, se daria a prorrogação dos mandatos eletivos.

Isso contentaria a fila de candidatos à presidência da República e ao próprio mandatário atual do país. Todos ficariam alegres e os casuísmos continuariam a ocupar a vida política. Lamentavelmente.

Uma reforma política exige um longo e trabalhoso debate com a sociedade. Os acadêmicos deveriam ser ouvidos. Consultados os múltiplos segmentos formadores da nacionalidade.

Aperfeiçoar a democracia representativa não é tarefa a ser desenvolvida pelos interessados. Os políticos têm visões muito estreitas do tema. Desejam a própria sobrevivência. Esquecem o longo prazo.

Este é o problema central. Não se deve delegar o debate da reforma política apenas para aqueles que exercem política partidária ou congressual. Ao contrário, a cidadania deve ser envolvida em sua plenitude.

São múltiplos os aspectos merecedores da atenção de toda a sociedade. As perguntas se multiplicam. Os questionamentos se colocam em rodas universitárias ou nas reuniões informais do cidadão comum.

Todos já perceberam que determinados institutos, integrantes da vida política, entraram em estado de fadiga. Gastaram-se com o tempo. Deformaram-se com o uso.

O voto proporcional e as sobras eleitorais precisam de rearranjo. Não é legítimo um candidato bem votado arrastar inúmeros desconhecidos sem voto.

O financiamento das campanhas precisa de uma definição precisa. A verba deverá ser exclusivamente pública ou pode contar com a participação privada?

Os partidos políticos são detentores dos mandatos eletivos ou estes pertencem às personalidades eleitas? Pergunta que contém tema de gravidade indiscutível.

Todos os partidos devem contar com idênticos direitos? Mesmo aqueles que não mereceram apoio popular? Uma cláusula de barreira necessita ser aplicada, sob pena de perda de eficiência do sistema.

As eleições, em todos os âmbitos federativos, devem se realizar em datas diferentes ou em um só dia? Há quem queira apenas eleições de quatro em quatro anos.

Nesse caso, a democracia brasileira correria grandes riscos, próprios dos diversos momentos eleitorais. Poderia acabar na farsa do partido único, própria das ditaduras.

Há outros temas polêmicos. Alguns desejam implantar o voto de lista já aplicado no Império e na República Velha. Reforçaria as oligarquias partidárias. Findaria o pouco que resta de democracia interior dos partidos.

Apesar da imensa pauta imposta a uma verdadeira reforma política, parece que a Câmara Federal intenciona, mediante rolo compressor, apenas reformar – ou deformar – o que apresente interesse imediato.

Lamenta-se. As universidades, nos mais diversos pontos do país, precisam reunir inteligências e elaborar documentos consistentes. A reforma política não pode ser elaborada por uns poucos.

Deve envolver toda a cidadania. Ela poderá levar a um patamar superior às atividades democráticas. Ou lançá-las em ponto inferior ao atualmente existente.

A última grande reforma deu-se em 1930, com a Revolução dos Tenentes. Agora é momento dos civis demonstrarem também vocação revisionista. Lutaram tanto pela democracia. Cabe agora a aperfeiçoar.

Resta uma advertência. Ficar silencioso e passivo perante uma reforma política é ato de desatino. O futuro da cidadania está em jogo. Os interesses políticos, por vezes, chocam-se com os da cidadania.

4 de novembro de 2008

Capítulo 32

A magia democrática

Dois acontecimentos. Um de significado universal, a eleição de um negro para a presidência dos EUA, e outro restrito a um país que busca a afirmação democrática, a revelação das opiniões secretas da rainha Sophia em uma entrevista.

Nada chama atenção no cenário político interno. A pasmaceira de sempre. Rotina. Na Comissão de Finanças da Câmara Federal, acordo entre parlamentares leva ao aumento do valor de suas emendas ao orçamento.

As artimanhas usuais. Pressão sobre o Executivo. Esse cede. Senão, o processo legislativo estanca. Difícil. Muito difícil compreender as práticas parlamentares. São iguais em toda a parte. Não seriam diferentes aqui.

Pelo mundo muitas novidades. George Bush que combateu um Hussein dará posse a outro Hussein, Barack Hussein Obama. Mera casualidade. Ou o acontecimento possui a profundidade dos ciclos inatingíveis.

É bom recordar que o primeiro Hussein, aquele que foi condenado à morte e executado, viveu em terras da antiga Pérsia, berço do esoterismo. Os renascentistas lançaram-se no estudo dessa ciência até a exaustão.

Quinhentos anos depois, face às coincidências, alguém voltará a estudar ciências esotéricas. Compreender os caminhos da existência. Tarefa difícil. Longe dos não iniciados.

Obama, ou Barack Hussein Obama, em sua juventude, simboliza o melhor da América. A sua capacidade de aceitar os diferentes, somá-los e integrá-los no seu cenário social.

É exemplo, particularmente para povos erguidos sobre avoengas tradições. Essas tão pesadas que não permitem progressos sociais significativos. Fecham-se em si. Temem o novo.

Os Estados Unidos da América – após tantos episódios frustrantes – volta a oferecer exemplo de democracia. Possibilitar a realização de sonhos. A eterna saga americana retorna à sua caminhada.

Neste cenário de acontecimentos inusitados, na Espanha, uma entrevista conduz à perplexidade. Produz interrogações. A Rainha Sophia, ao comemorar seu septuagésimo aniversário, expôs seu pensamento.

Em longas declarações, não abdicou de nenhum tema. Todas as questões formuladas mereceram respostas. Algumas de inusitada coragem. Por exemplo: "Bush meteu seu país em guerras de vingança e destruição".

Prosseguiu: "Por mais horríveis e assassinos que foram os atentados terroristas de 11 de setembro, não justificam o que veio depois". O pensamento da maioria das pessoas. Expresso por uma rainha, toma peso incomum.

Não se calou. Ao contrário avançou. Colocou-se frontalmente contrária ao casamento homossexual. Mulheres e homens são diferentes. Física e psicologicamente. As leis civis não podem ignorar as leis da natureza.

Foi além. Declarou-se contrária às cotas para mulheres nos cargos de governo, diretriz adotada pelo governo espanhol. Nada ficou a salvo das observações de Dona Sophia.

É inusitada a entrevista concedida. A pessoa do rei é inviolável. Não está sujeita à responsabilidade, afirma a Constituição espanhola. Os constitucionalistas poderão indagar se a disposição estende-se à rainha.

Aguarda-se improvável resposta. Nessa espera, constata-se: a imprensa espanhola conferiu recatado tratamento à fala monárquica. Os espanhóis estão divididos entre monarquistas e republicanos. De longa data.

As feridas da Guerra Civil ainda estão expostas. Não se apagarão tão logo. O sofrimento de milhões de combatentes – dos dois lados – encontra-se vivo no cotidiano dos cidadãos das várias autonomias.

Dois acontecimentos. Um de significado universal, a eleição de Barack Hussein Obama, e outro restrito a um país que busca a afirmação democrática, uma mera entrevista de uma rainha.

Em momentos dramáticos, como os vividos em razão da crise econômica, os *icebergs* vêm à superfície. Trazem verdades recolhidas durante séculos. Por vezes, produzem grandes naufrágios.

Vive-se, na contemporaneidade, situações incomuns. Nas crises, as sociedades fazem experimentações. As mais inusitadas. Personalidades falam. Figuras antes marginalizadas emergem.

Ambos os acontecimentos – a eleição de Obama e a fala de Sophia – deram-se em contextos democráticos. Demonstração inequívoca da capacidade da democracia em suportar situações agudas.

Exemplos a serem colhidos. Uma rainha, nos antigos reinos absolutistas, se falasse, seria penalizada. Um negro, antes, jamais chegaria à presidência dos Estados Unidos, em uma sociedade antes dividida por preconceitos.

Como é bom viver em democracia.

11 de novembro de 2008

Capítulo 33

Areopagítica

Como deseja a Constituição, o exercício do jornalismo exige plenos espaços de liberdade. Mas nenhum esforço está sendo realizado para preservar este direito em sua plenitude. Falta-nos um John Milton, que na Grécia clássica buscou ampla defesa.

Deverá ingressar, novamente, na pauta do Supremo Tribunal Federal, a Lei de Imprensa. No início deste ano, em ato monocrático, confirmado pelo colegiado, vinte artigos do diploma foram declarados inconstitucionais.

Afastaram-se dispositivos que não foram recepcionados pela Constituição de 1988. Agora, os demais artigos – e são muitos – sofrerão nova análise. Pode-se aguardar até o fim da lei especial.

O tema "Lei de Imprensa" permite uma reflexão sob vários ângulos. Em elaboração instantânea, o primeiro aponta para a desnecessidade de lei específica para tratar de matérias jornalísticas.

Essa visão mostra-se precipitada. Pela importância que possuem nos regimes democráticos, os meios de comunicação necessitam de tratamento especial.

Não podem ser lançados no universo do Código Civil ou do Código Penal para aferição de responsabilidades. Seria impor um pesado ônus à atividade.

VISÕES DO COTIDIANO

A par de interesses econômicos, os meios de comunicação contêm um traço marcante nas democracias. A formação de opinião pública capaz de firmar sua própria convicção, entre várias linhas de pensamento e informação.

Como deseja a Constituição, o exercício do jornalismo exige plenos espaços de liberdade. As informações e as opiniões não podem conhecer restrições.

É da sua essência a liberdade. Como essa não pode se apresentar absoluta, sob pena de violar valores pessoais de terceiros, o jornalista deve conhecer particularmente penas de natureza moral.

O pior para um veículo de comunicação e seus operadores é a perda de credibilidade. Uma decisão condenatória contém resultado devastador, quando aponta uma informação inverídica ou identifica malícia em uma opinião.

Os efeitos dessa sentença superam as meras indenizações pecuniárias, mesmo que impostas com parcimônia, como exigem o bom senso e a preservação dos veículos de comunicação.

Em tempos passados, o Parlamento inglês temeroso com as muitas obras, falsas, escandalosas, subversivas e difamatórias, editou Ordem incomum. Impôs censura às publicações.

Caminhou além. Cerceou a criação de novos veículos e a divulgação de impressos. A Inglaterra das liberdades aproximou-se, com esse édito, aos países europeus continentais submetidos às regras da Inquisição.

O desconforto estabeleceu-se. Personagem, destemida e conhecida pelos seus escritos, lançou um documento exemplar na defesa da liberdade de imprensa.

Foi John Milton, o poeta do Paraíso Perdido e defensor intransigente dos valores republicanos em uma sociedade de cultura monárquica. Milton elaborou texto primoroso.

Deu-lhe o nome Areopagítica, pois não o endereça especificamente ao Parlamento inglês, apesar deste ser o destinatário. Retorna à Grécia clássica. Dirige a manifestação ao Areópago, o tribunal ateniense.

O texto elaborado por Milton é um clássico da liberdade de imprensa. Com cultura e maestria, elabora uma defesa singular desse elemento fundamental para a existência de sociedades livres.

Por que recordar Milton e seu Areopagítica? Exatamente pela diversidade de situações. No século XVII – lá na Inglaterra –, cerceava-se a liberdade. Aqui, nenhum esforço para preservá-la em sua plenitude.

Todos sabem que o Supremo Tribunal Federal lançará o assunto à discussão entre seus ministros. Nada se ouve ou se escreve a respeito. Um silêncio sepulcral.

O Congresso Nacional prometeu uma nova Lei de Imprensa. Alguns se mostraram favoráveis à existência de um diploma especial. Outros se colocaram em campo oposto. Nada de lei especial.

Ora, na ocorrência de posições díspares, caberia ao Parlamento brasileiro a realização de audiências públicas para se conhecer as opiniões dos jornalistas, empresários da comunicação e da sociedade.

Nada se faz. Nem os formadores de opinião se mostram interessados. Falta um John Milton a proclamar a irreversibilidade da liberdade de expressão.

Um dia, poderá ser tarde.

18 de novembro de 2008

Capítulo 34

À mulher, todos os ônus

Antiga e controversa é a discussão sobre o direito à vida. No episódio, contrapõem-se valores essenciais: a preservação dos nascituros e a dignidade da mulher. Resta ao homem, a plena liberdade.

Os assuntos só conhecem repercussão quando lançados nas primeiras páginas dos jornais impressos, nos cabeçalhos dos sites, nos noticiários das rádios ou nos telejornais das 20 horas.

Não basta a colocação geográfica das notícias, contudo. Precisam ser repetidas de maneira exaustiva por dias e meses. Aí, são assimiladas e passam a conviver com o cotidiano das pessoas.

Permitem, nesse caso, conversas informais e, por vezes, indagações científicas em estabelecimentos de pesquisas acadêmicas. Rara essa hipótese. O costumeiro é o pronto esquecimento. Viu, leu, esqueceu.

A sociedade contemporânea se caracteriza pela superficialidade e pela escassa vontade de se entender episódios sociais. O individualismo suplantou qualquer espaço para o altruísmo.

Salve-se quem puder. Este é o mote da atualidade. O outro não importa. As tragédias humanas circunscrevem-se apenas aos marcados pelos episódios pessoais. A repercussão é mínima ou nenhuma.

Nessa semana, truncada por um feriado, em muitos municípios, uma notícia, como corisco, entrou nos noticiários e desapareceu instantaneamente.

Vinha de Mato Grosso do Sul. Continha a exuberância das operações policiais, no atual cenário do País. Uma clínica de procriação humana fora fechada em Campo Grande.

A verdadeira finalidade do centro médico consistia em práticas abortivas. Até aqui, o cumprimento estrito da legislação penal. Nada a acrescentar. Dramática outra informação.

Milhares de prontuários médicos sofreram apreensão. As figurantes dos registros deverão ser indiciadas, em inquéritos policiais, longos e com coleta vexatória de provas.

A lei é cumprida. Os sofrimento das milhares de mulheres, já marcadas pela violência da prática a que se submeteram, ira se ampliar. Agora, as suas vidas serão devassadas. A intimidade violada.

Contrapõem-se no episódio valores essenciais. A preservação dos nascituros – o direito à vida – e a dignidade da mulher. Sua integridade moral. Atributos inalienáveis de todas as pessoas.

Apesar dos avanços indiscutíveis nos últimos cinqüenta anos, em determinados posicionamentos sociais, ainda persiste a visão medieval da figura da mulher.

Deve sofrer todos os ônus da relação entre sexos. Cabe-lhe suportar todas as vicissitudes da trajetória humana. Ao homem, plena liberdade, à mulher, as imposições dos ônus dos sentimentos realizados.

Compreendem-se todas as posições relativas à concepção e à vida dos nascituros. Louváveis. O tratamento, todavia, dispensado à mulher contém traços de barbarismo.

A ela todos os encargos. Os advindos da natureza e os elaborados pelo formalismo legal em muitos séculos. Muitos séculos. Foi a partir do ano 380 que a mulher perdeu a responsabilidade sobre seu corpo.

Muitas sociedades encararam o tema com resolução. Hoje, mais de dois terços dos países ocidentais devolveram à mulher a decisão sobre os atributos agasalhados pelo seu ventre.

Nada fácil o tema. Inúmeras as contrariedades. Muitas de natureza moral. Legítimas e válidas. Outras de natureza religiosa. Profundas e coerentes. Outras de natureza médica, como a contida no juramento de Hipócrates.

A controvérsia sobre a vida intra-uterina é sufocante. Todos possuem espaços de razão. Não se pode, porém, omitir um elemento fundamental: a postergada dignidade da mulher, apesar das aparências em contrário.

Há dois anos, Portugal enfrentou o assunto e uma nova lei foi elaborada pela Assembléia da República. Deveria merecer exame e debate pela nossa sociedade.

Ainda porque Portugal e Brasil ligam-se pela cultura e pelas suas formas de convívio social. Mais perto, o Uruguai tratou do assunto. Um projeto de lei foi vetado pelo Presidente da República Oriental.

Por aqui, silêncio. Apenas o aparelho policial presente, no cumprimento da lei em vigor e sem qualquer traço de respeito à dignidade da pessoa da mulher, quando sua intimidade é violada.

É preciso ler notícias esparsas. Compreender o sofrimento do outro. No caso, a parceira na milenar travessia.

Boa notícia: O juiz de Direito Aluísio Pereira dos Santos determinou o arquivamento do inquérito. Pela prescrição, 7.700 mulheres viram-se livres de forte pesadelo. Há bons juízes em Campo Grande.

25 de novembro de 2008

Capítulo 35

Annus horribilis

A herança gerada em 2008 pelos *yuppies* – esses pernósticos e soberbos operadores financeiros – perdurará por um bom tempo. Os governantes – os maus falados políticos – de todos os países tornaram-se os agentes da salvação.

Aproximam-se os derradeiros momentos de 2008. Ficará marcado como um ano terrível. Romperam-se os laços de confiança que devem existir entre as pessoas.

Quando os vínculos se quebram, o convívio torna-se inevitavelmente perverso. Os acontecimentos financeiros, que marcaram o último trimestre de 2008, violaram normas elementares de convivência.

Qualquer observador, medianamente consciente, sabia que a ciranda financeira, concebida por inteligências malignas, não poderia acabar bem. Era inevitável a grande catástrofe.

Aconteceu. Suportadas em uma globalização sem regras de comportamento, as instituições financeiras norte-americanas exportaram práticas de engodo. A vantagem sem trabalho.

A praga espalhou-se por toda a parte. Vetustos bancos europeus entraram no minueto – ou no diabólico *rock* – gostosamente. As velhas barbas dos antepassados foram raspadas pelos jovens sem escrúpulos.

104 VISÕES DO COTIDIANO

Uma geração de inconseqüentes surgiu do ganho fácil. A riqueza a partir do nada. Verdadeiros alquimistas. Transformaram antigos procedimentos em farsas contábeis. A austeridade em peça de museu.

Não transformaram metais comuns em ouro. Ao contrário, esses desalmados geraram a miséria geral. Milhares de pessoas desempregadas. Grandes investimentos perdidos.

Tudo isto é muito grave. Mas não é o pior. A péssima herança gerada pelos *yuppies* – estes pernósticos e soberbos operadores financeiros – é a perda da credibilidade.

Hoje, ninguém confia em ninguém. As palavras possuem pouco valor. As informações oferecidas tornaram-se peças de ficção. A mentira contaminou todas as relações comerciais.

Eram esses operadores de mercados, críticos dos sistemas políticos e de seus atores. Sabiam tudo. Sempre ofereciam suas opiniões de queixo erguido. Todos obrigados a ouvir estes oráculos da patranha.

Ai de quem duvidasse. Os meios de comunicação abriam páginas e espaços eletrônicos para suas baboseiras. Não podiam ser contestados. Contavam com o dom da infalibilidade.

Essa – como todas as infalibilidades declaradas – ruiu. Apesar de parecerem deuses, esses operadores financeiros eram humanos. E, como humanos, possuíam todos os vícios e nenhuma virtude.

Produziram a mais virulenta peste conhecida pela humanidade. Não é biológica. Gravemente moral. Mentiram. Falsearam números. Romperam os mais elementares princípios da confiança.

Os governantes – os maus falados políticos – de todos os países tornaram-se agentes da salvação. Obama precisa resolver os problemas dos Estados Unidos. Os líderes europeus, as aflições dos povos da União Européia.

Os esfarrapados governantes latino-americanos proferem discursos barrocos na busca da salvação. Bons ou maus são os políticos que procuram saídas.

Os financistas calam-se. Temem a perda de seus privilégios. Começaram a se preocupar com sua própria sobrevivência. Sabem que a qualquer momento poderão ser julgados e condenados.

Grande ironia. Os falsos sábios de ontem – falavam sobre tudo e davam lições aos políticos – tornaram-se motivo de escárnio. De profunda suspeita.

Restam traços de confiança no Poder Público. Esse indica novos caminhos para as sociedades fragilizadas e atônitas. O Estado, ente tão espezinhado nos últimos anos, volta ativo a exercer suas clássicas funções.

Preservar os povos e indicar soluções. Esse sempre foi o papel do Estado. Desejaram transferir essas funções ao mercado e a seus operadores. Deu no que deu.

A História registrará este ano de 2008 entre os mais trágicos da humanidade. Perdeu-se o sentimento da confiança. Os operadores financeiros praticaram uma hecatombe moral.

Bem registrou a revista inglesa *The Economist*: 2008 será conhecido como o *annus horribilis*. O pior da história econômica e financeira, em razão de seus efeitos universais.

Razão tinham os velhos banqueiros mineiros: quem gasta mais do que pode ou é ladrão ou está para ser.

22 de dezembro de 2008

Capítulo 36

Inaceitável esquecimento

Aqueles que sobreviveram e se mantiveram em terras tropicais produziram umas das mais amargas e criativas aventuras humanas.

Os dias finais de cada ano levam a reflexões. Busca-se alcançar os acontecimentos futuros. Conduzem a meditações sobre tempos passados. Essas últimas surgem em nossas mentes pelos mais diferentes motivos.

Uma cena com contornos já observados. Um encontro casual com pessoa de há muito distante. Um livro com registros capazes de estimular a memória e trazê-la ao presente.

E, um livro – *Hospedaria de Imigrantes de São Paulo** – foi o condutor do encontro de tempos passados com o presente. É pequeno, mas registra números e acontecimentos relativos à Grande Imigração.

Corriam os últimos anos do século XIX. A libertação da mão de obra servil, apesar de esperada, levou os proprietários de terra – especialmente de São Paulo – a uma situação inusitada.

---

* Odair da Cruz Paiva, Soraya Moura. *Hospedaria de Imigrantes de São Paulo*. São Paulo: Paz e Terra, 2008.

As grandes plantações de café exigiam mão de obra intensiva. As colheitas pendentes não podiam permanecer nos cafezais. Novos recursos humanos eram exigidos.

A opção primordial recaiu sobre os excedentes populacionais europeus. Instituíram-se companhias para facilitar a imigração. Os governos passaram a subsidiar a vinda de camponeses sem terra da Europa.

Foram milhões. Conduzidos na terceira classe de navios que partiam dos portos de Genova e de Nápoles, quando italianos, chegavam às terras americanas. Aqui, eram conduzidos às hospedarias de imigrantes.

Realizada a triagem, onde era constatado o estado de saúde de cada um, iniciava-se a segunda longa viagem. Em vagões ferroviários, dava-se o encaminhamento para os mais remotos rincões.

Quando chegavam ao destino, os imigrantes eram hospedados em casas primitivas – muitas vezes velhas senzalas – e confinados em "colônias", distantes das cidades, isoladas de tudo e de todos.

Carência plena. Ausentes os serviços religiosos. Não havia padres. Ninguém falava a língua dos recém-chegados. Os costumes e usos milenares deviam ser esquecidos.

Nada de vinho. O queijo tradicional substituído pela farinha de mandioca. As doenças tropicais – o bicho de pé – exterminava resistências. Levava à morte muitos desterrados.

As comunicações com as terras de origem estancadas. Na maioria das vezes, nunca mais se estabeleceram. Romperam-se laços familiares. Violaram-se hábitos. Feriram-se tradições.

Essas mulheres e homens produziram uma saga ainda a merecer mais profundos estudos. Muitos voltaram aos países de onde saíram. Outros se deslocaram para a Argentina e os Estados Unidos.

Aqueles que sobreviveram e se mantiveram em terras tropicais produziram umas das mais amargas e criativas aventuras humanas. Romperam duras amarras impostas pelos seus aproveitadores.

Conseguiram – os que sobreviveram – erguer cidades. Alterar costumes. Conceber novas formas de edificações. Elaborar novos hábitos alimentares. Escolarizar seus descendentes.

Hoje, os tataranetos daqueles fortes imigrantes já não se comovem com a saga de seus antepassados. Os sofrimentos remotos não importam. Não atingem os que levam os nomes daquelas anônimas personagens.

Os governantes – dos países exportadores e importadores – procuram esquecer a nódoa da Grande Imigração. Lá, os proprietários de terras preocupados com as revoltas sociais. Com as revoluções liberais.

Aqui, os proprietários de terras na busca gananciosa do aproveitamento do trabalho dos desterrados. Nas duas pontas, o egoísmo humano desprezando o sofrimento dos mais fracos.

A Hospedaria de Imigrantes de São Paulo testemunhou esse drama. Na Grande Imigração, recebeu italianos, espanhóis, portugueses. Prosseguiu recolhendo lituanos, poloneses, alemães e eslavos.

Finalizou sua triste sina com a chegada de desprotegidos brasileiros do nordeste. Hoje é museu. As suas paredes agasalham lágrimas de mulheres e crianças sem destino. A perplexidade de homens dobrados pelo infortúnio.

Alguns sobreviveram. Foram capazes de romper todas as amarras. Lutaram por princípios libertários. Conduziram grandes movimentos sociais. Estabeleceram as bases de uma convivência mais fraterna.

29 de dezembro de 2008

Capítulo 37

No Judiciário, conquistas da cidadania

O Poder Judiciário, sob os influxos produzidos pela Emenda Constitucional n. 45, transformou-se com enorme rapidez. Entre as primeiras conquistas: a preservação da Constituição.

Basta! Os financistas tornaram o ano de 2008 um inferno. Todas as suas projeções falharam. Todas as suas operações fracassaram. Esperava-se dos financistas segurança. Trouxeram o descalabro. Imoralidade.

Assim, só resta impor aos financistas um sonoro: basta! Depois, prosseguir, ressaltando resultados colhidos em 2008 em outros cenários. Longe dos financistas, atingiram-se bons e novos patamares.

Apesar de críticas severas – ou quem sabe em razão delas – as instituições políticas se desenvolveram muito bem no ano recém findo. Situações, que no passado levariam às crises, foram resolvidas com normalidade.

Conflitos de interpretação mostraram-se constantes. No entanto, cada casa do Parlamento ou dos três poderes agiram harmonicamente na solução das controvérsias.

Preservaram suas posições. Aceitaram as decisões tomadas com a resignação própria dos entes democráticos. Significativa evolução. Em tempos passados, qualquer acidente conduzia a uma crise institucional.

Avançou-se muito nestes mais de vinte anos de plena democracia. No entanto, um dos poderes da República sobressaiu-se com intensidade no ano que se esgotou.

O Poder Judiciário, com os influxos produzidos pela Emenda Constitucional n. 45, transformou-se com enorme rapidez. Às vezes, em velocidade assustadora para o observador isento.

Como grande agente de mudanças, erigiu-se o Supremo Tribunal Federal. Ao elaborar novos institutos, permitiu preciosas conquistas na busca da celeridade no curso dos processos.

Já não se apresenta a Suprema Corte brasileira como mera corte recursal. Ergueu-se à altura de um autêntico tribunal constitucional. Tomou o modelo clássico, originário do constitucionalismo americano. Avançou.

Em trabalho comparativo, procurou recolher nos modelos europeus de Cortes Constitucionais novas formas de atuação. Foi feliz. Hoje, contamos com duas modalidades de análise das inconstitucionalidades.

O clássico modelo difuso, em que todos os juízes podem declarar uma inconstitucionalidade, e o modelo concentrado, em que a Suprema Corte, como tribunal originário, afasta as agressões contra a Constituição.

Mais ainda. O instituto da repercussão geral, ao exigir que os recursos extraordinários contenham matéria de interesse universal, elevou a importância do mencionado recurso.

Deixou de ser mero expediente individual e, por vezes, meramente procrastinador, para se elevar em instituto apto a preservar os interesses de toda a coletividade.

Segue-se, nessa caminhada para novos patamares, a presença da súmula vinculante. Combatida por retirar do julgador das instâncias inferiores sua autonomia, leva, contudo, segurança ao jurisdicionado.

A justiça brasileira tornou-se um cipoal de decisões conflitantes e, muitas vezes, contrárias à jurisprudência dominante. Vence-se com a súmula vinculante o obstáculo à obtenção da segurança do Direito.

Há riscos? Sim, em situações anormais. Conta-se com o bom senso dos onze ministros da Suprema Corte. Serão capazes de se mostrar à altura de suas elevadas funções, quando as circunstâncias exigirem.

Ainda no aprimoramento das instituições, o Supremo Tribunal Federal elaborou a possibilidade de suas decisões serem moduladas no tempo. Ou seja, o julgado terá efeitos a partir de determinado momento temporal.

Evita-se, com essa possibilidade, a violação de direitos, mas, a um só tempo, a preservação de situações injustas e iníquas sob o manto das garantias da coisa julgada, direito adquirido e ato perfeito.

O que ganha a cidadania com os avanços realizados pelo Supremo Tribunal Federal? Muito. A primeira conquista é a possibilidade de preservação da Constituição.

Documento rígido, a Constituição só pode ser alterada mediante propostas de emendas constitucionais. Esse processo é complexo e demorado. O caminho devia ser encurtado.

Agora, a Constituição pode merecer interpretação de acordo com o momento social em que se vive. As mutações sociais podem se adaptar à legalidade por meio da Corte Constitucional.

É muito. A Constituição se tornará permanente e assim depositária da confiança da comunidade. Veja-se o exemplo norte-americano. Neste caso, exemplar.

5 de janeiro de 2009

Capítulo 38

Réquiem

Prestes a deixar a Casa Branca, Bush lamenta a perda de sua única amiga: a gata Índia. Enquanto isso, jornais mostram a morte de centenas de crianças e adolescentes. Nenhuma lágrima, nem uma palavra. O que é o sofrimento humano perto da perda de um amigo de estimação?

Silêncio glacial por aqui. Nenhuma notícia. Nem mero comentário. Sequer uma nota. Um singelo registro. Ausência plena de comunicação. A mídia nacional omitiu-se inteiramente.

Aconteceu, no entanto. Algo tremendamente relevante. Levou o presidente Bush ao desconforto. Dor imensa. Incomensurável. A morte de inocente sempre causa angústia.

George Bush não fugiu à normalidade humana. Sofreu com a grande perda. Não se trata da morte de criancinhas. Elas são tantas. Esfomeadas. Maltrapilhas. Deprimidas.

Muito menos de adultos tombados em guerras sem motivos e razões. A dor do presidente norte-americano contém graus superiores. Vai além do costumeiro.

Prestes a deixar a Casa Branca, Bush vê-se despedido das honras inerentes ao cargo. Na véspera da passagem para o cenário privado, perde a amiga. Quem sabe a única. Lamentável.

Não amiga qualquer. Amiga diferenciada. Daí a amargura do presidente. Morreu Índia, a gata de estimação de Bush. Produziu dor incomensurável. Era a velha companhia do mandatário.

É verdade. Tanto é verdade que a morte mereceu espaço especial na Casa Grande. O site oficial transmitiu a perda. Existem poucas gatas de qualidade. De alto *pedigree.*

Crianças mortas, em compensação, são tantas. Não chocam os sentimentos dos dirigentes. É imagem costumeira. Ocorrem todos os dias. Os noticiários estão fartos dessas imagens.

O episódio demonstra os intricados componentes da alma humana. A morte de uma bichana ocupa o privilegiado espaço do noticiário oficial do governo dos Estados Unidos.

Outras mortes – sem importância – nunca comoveram o presidente Bush. Não chorou no 11 de setembro. Não se comoveu com as fotos dos torturados de Guantánamo.

Manteve-se insensível com o desaparecimento de milhares de pessoas no Iraque. A fome no continente africano não o impressionou. Esses temas não ingressaram nas divagações presidenciais.

O caso é exemplar. Demonstra como as personalidades públicas, no alto de seus cargos, perdem os limites da condição humana. Transformam-se em semideuses.

Nessa condição – de aspirantes à condição divina – os dirigentes não se comovem com o sofrimento humano. As razões de Estado impedem. Maquiavel recolheu, por inteiro, a alma humana.

Como é angustiante conviver com situações como a da morte de Índia, a gata de estimação. No mesmo momento, jornais estampavam a morte de centenas de crianças e adolescentes. Nenhuma preocupação.

A condução dos assuntos de Estado sempre preocupou os pensadores. Muitos manuais existem para a prática do bom governo. Comumente, elaborados por predecessores de monarcas.

Hoje, obras semelhantes não se encontram presentes nas preocupações de filósofos, teólogos e pensadores de todos os tipos. A realidade é perversa. Perdeu todo o conteúdo humano.

Vale, agora, o mero exercício do Poder. Apesar dos mecanismos constitucionais de limitação, um presidente da República é um quase-monarca, principalmente nos Estados Unidos.

Age, por vezes, com traços absolutistas. Pode tudo. Decide sobre a morte de inocentes. Liquida civilizações. Avança por espaços particulares. Rompe velhas tradições alheias.

Só não pode evitar a morte das gatas de estimação. Os mortais podem causar mortes. Não as podem sustar, porém. Elas a todos igualizam. Presidentes e gatas morrem igualmente.

12 de janeiro de 2009

Capítulo 39

Bom exercício

Para entender o Brasil, vá a Portugal.

Visitar Portugal é encontrar o Brasil profundo. Nunca pai e filho mostraram-se tão iguais em aspecto e consciência. Os costumes portugueses, guardadas as proporções, assemelham-se aos brasileiros.

Nas questões políticas, o tratamento é idêntico. O acessório sempre é exaustivamente debatido. O principal não importa. Ele se resolve pelo tempo.

Nessa fase amarga da economia mundial, por toda a parte há depressão. Os portugueses não se apresentam diferentes. Resta sempre a incontida esperança de nossos povos.

Somos pobres, não estaremos muito piores. Afirmam autoridades lusitanas. Estão certas. Portugal, com suas notáveis descobertas, estafou-se. Tornou-se um país de comerciantes.

Errou o poeta. Na verdade, comerciar é preciso. E isso, os portugueses fazem bem. À perfeição. Os reis portugueses lançaram feitorias por todo o mundo. Nada escapou à presença das caravelas guiadas pela cruz.

Mais que as conquistas territoriais, a expansão da cristandade, interessava formar uma rede de trocas dinâmica e capaz de transportar bens de todas as partes para todas as partes.

O grande entreposto comercial da Europa, na época das grandes descobertas, foi Lisboa, cidade que, ao preservar sua imagem clássica, permitiu a suave integração dos costumes de ontem com os de hoje.

Em Lisboa, encontra-se humanidade portuguesa com seus traços vitais. O lisboeta conta com uma boa cultura média. Sabe tudo e elabora visões críticas dos acontecimentos.

Fica perplexo quando constata que, no âmago da grande crise econômica, se debate nos meios de comunicação e nas áreas governamentais a aposição da bandeira da República ao lado dos pavilhões das autarquias.

As Forças Armadas, em seus quartéis, querem apenas o pavilhão nacional. As autoridades civis desejam ambas: a portuguesa e a da autarquia, hasteadas em níveis diferentes.

Trata-se de um tema. Outro, ainda mais debatido, coloca-se no sensível cenário do conflito de valores entre cristãos e muçulmanos. Tema difícil e sempre capaz de causar grandes efeitos.

Não é diferente em Portugal. O tema do debate centrou-se em palavras do Cardeal Patriarca de Lisboa, Dom José Policarpo. Consta que se trata de um prelado simples e humano. Não afeito a controvérsias.

Mas, Dom José Policarpo, em programa televisionado, entrou em situações muito intrincadas. Meteu-se na vida íntima das pessoas ou mais explicitamente na realização de casamentos inter-religiosos.

Foi direto ao assunto: "Pensem duas vezes antes de se casar com um muçulmano, pensem muito seriamente. É meter-se num monte de sarilhos que nem Alá sabe onde acabam".

Suas palavras causaram debate intenso. Os intelectuais – como sempre – dividiram-se. Alguns apontaram para as palavras preconceituosas do Cardeal. Outros se estenderam em analisar costumes diversos.

Resta tomar o dicionário e ver o que significa sarilho. Popularmente, indica situação difícil, encrenca, atrapalhada, discussão violenta. Quem informa é o Dicionário da Língua Portuguesa da Academia das Ciências de Lisboa.

Mas Portugal – como seu filho Brasil – apresenta uma contemporaneidade de semelhanças incríveis. Lá, como cá, banqueiros violam normas de bom procedimento e são salvos pelo Estado.

Um processo judicial demora muitos anos para atingir seu fim. Caso exemplar é o que gira em torno da Casa Pia. Pessoas influentes teriam abusado de menores internados nessa antiga instituição.

O processo se arrasta e tudo indica que os réus serão absolvidos. O processo penal e civil, nas duas extremidades do Atlântico sul, é complexo e se coloca como um refúgio da má-vida.

Os professores dos liceus se encontram em estado de greve. Não querem ser submetidos à avaliação exigida pelo Ministério da Educação. O ato viola a dignidade dos mestres. Protestam.

Todo brasileiro deveria, obrigatoriamente, a cada temporada ir a Portugal e entrar em contato com sua gente e seus costumes. Entenderia melhor a si próprio e ao Brasil.

19 de janeiro de 2009

Capítulo 40

Asneiras e bom governo

O administrador público, eleito ou no exercício de cargo de confiança, deve se ater aos padrões éticos de sua comunidade.

Um tema que ingressa nas discussões acadêmicas, na Europa e nos Estados Unidos, é a extensão do conceito de responsabilidade política. Examina-se, inicialmente, o campo onde se localiza o tema.

De acordo com o ângulo de observação do estudioso, ele é inserido em um determinado cenário. Está presente quer no Direito Constitucional, quer no Penal ou ainda em espaços do Direito Administrativo.

Nenhum desses observadores deixa de examinar a face moral da responsabilidade política. O administrador público, eleito ou no exercício de cargo de confiança, deve se ater aos padrões éticos de sua comunidade.

Ainda mais, porque a personalidade pública exerce papel pedagógico. Torna-se, no exercício de suas funções, referência para as demais pessoas e, por via de conseqüência, para toda a sociedade.

Hoje, existem autores que conferem limites expressos ao conceito de responsabilidade política. Nesses limites, encontram-se inseridos a exigência do respeito aos direitos humanos e a interdição de qualquer arbitrariedade.

Nas duas plataformas – direitos humanos e arbitrariedade –, acham-se as chaves para o bom governo, aquele que preserva e respeita os direitos inerentes a cada pessoa e jamais fere os princípios legais.

Muitos poderão considerar modesta a pauta exposta como correspondente ao bom governo. No entanto, ela, em sua simplicidade, aponta para campos elementares de uma convivência cidadã.

Ainda assim, cabe acrescentar que, para a inexistência de arbítrio, é indispensável a existência de publicidade dos atos governamentais. Essa implica e impõe a transparência.

Essa, por sua vez, permite à cidadania acompanhar todos os atos e ações do governante. Um governo, que se encerra no interior dos palácios e impede o acesso a seus atos, é arbitrário.

Claro que a boa informação não se coaduna com os excessos verbais dos governantes. Quando o dirigente público fala sem pensar pode conduzir a erros profundos de avaliação.

Deve, pois, o bom governante, antes de se dirigir à sociedade, procurar conhecer o que efetivamente acontece ao seu redor e por toda a parte. Afirmar que nada vai se dar nas vésperas de uma catástrofe, é insano.

É comum os governantes pecarem nos dois sentidos: excessos verbais ou carências de informação. As duas práticas mostram-se desastrosas. Há exemplos preciosos na história recente.

O primeiro ministro da Hungria, nos últimos meses de 2006, foi autor de uma memorável exposição verbal, pouco comum nos governantes. Declarou-se autor de asneiras:

"Fizemos asneiras. Muitas. Durante um ano e meio tivemos de fingir que estávamos governando. Não temos uma única medida significativa de que possamos nos orgulhar. Em quatro anos não fizemos nada".

Acrescentou Gyurcsány: "A economia só não se afundou graças à divina providência, à abundância de dinheiro na economia mundial e à centenas de truques. Agora não há grande escolha, porque fizemos asneiras".

A fala de Ferenc Gyurcsány pode ser objeto de exercício de política comparada. Basta aproximá-la dos discursos de muitos dirigentes latino-americanos. Asneiras expressas e ocultas serão encontradas.

Nota-se, pois, que a responsabilidade política contém múltiplos conteúdos. Alguns básicos. Outros acessórios. Todos, porém, inerentes a um conjunto complexo.

A arte da política sempre esteve no centro das atenções de inúmeros pensadores. Ampliou-se, hoje, a análise da atividade. Operadores de várias ciências se debruçam sobre a espinhosa arte.

As escolas superiores, nas diversas áreas, precisam integrar seus discentes na busca de patamares mais altos para a política nacional. Para isto, torna-se necessário o desenvolvimento de programas extracurriculares.

Debater e examinar a responsabilidade política – em suas inúmeras vertentes – é ato elevado de cidadania. Caso contrário, se permanecerá no espaço proclamado pelo primeiro ministro da Hungria.

O bem comum será convertido em mera asneira dos governantes.

26 de janeiro de 2009

Capítulo 41

Explosão de soberba

Os valores religiosos estão sendo substituídos por um hedonismo selvagem. A perda de referências leva as pessoas a um individualismo sem precedentes. A um mundo sem valores e propício à prática de quaisquer atos.

Paira um espectro sobre a Europa. Não é o espectro do comunismo. Fere um dos mais profundos sentimentos do Ocidente. A crença em Deus. Em países, antes arraigadamente católicos, estende-se a onda do ateísmo.

Não se trata de manifestações individuais. Ao contrário, formam-se coletivos para o exercício de ativa militância contra o divino. Campanhas publicitárias se desenvolvem.

Nas laterais dos ônibus da cidade de Barcelona, cartazes refletem essa situação. Dizem: Provavelmente, Deus não existe. Viva e goze a vida. A iniciativa tende a se estender a outras cidades da Espanha.

A autoria dos dizeres é de uma associação de ateus e livres pensadores. Houve resposta. Apareceram faixas em oposição: "Você verá, quando tudo fracassar, restará Deus".

O fenômeno não se restringe ao espaço ibérico. No leste europeu, existem países com alto percentual de pessoas que se declaram ateus. Mais de 70% na Hungria.

Os franceses são autores de uma extensa bibliografia. Um combate contínuo contra a figura de Deus. Certamente, originário do pensamento iluminista.

O iluminismo, como posteriormente o marxismo, pretendeu colocar o homem no centro do universo, concebendo um humanismo materialista. Este, em seus primórdios, exercia grande influência entre os intelectuais.

Com o passar dos séculos e o surgimento do consumismo sem limites, o ateísmo ingressou na consciência das pessoas comuns. Os valores religiosos foram substituídos por um hedonismo selvagem.

Vale consumir e aparecer. Não importa qualquer aproximação com o Superior. Daí um passo para a negação de Deus. Antes o agnosticismo e em seguida uma posição expressa de contestação.

Os ateus não querem aceitar uma figura além da História. Desejam ser senhores de suas trajetórias, sem qualquer intromissão externa. Querem ser deuses individuais.

De há muito, os não-crentes passaram a preocupar os membros das religiões monoteístas. Ordens religiosas católicas apontam para a presença do ateísmo nas universidades da Ásia, África e América Latina.

Aqui, segundo essas fontes, a motivação seria diversa da existente nas sociedades afluentes. Um novo aspecto é apontado. A presença da injustiça como um fator de descrença.

Exatamente isto: a injustiça presente em todos os desvãos das sociedades latino-americanas leva a juventude a descrer. Encontrar, nas imensas diferenças sociais, motivo de não-crença.

Nota-se, pois, o encontro de duas vertentes nos países latino-americanos. Aquela que leva ao materialismo pelo excesso de consumo e de benesses e a outra que aponta para a carência dos bens mínimos para a sobrevivência.

Claro que essas posições de ponta não atingem todos os países de igual maneira. Graças às raízes africana, indígena e portuguesa, no Brasil existe um misticismo disperso.

Esse atinge todas as camadas da sociedade. A crença no divino é inerente à formação brasileira. Com um traço específico. Os cultos de origem africana e indígena possuem um forte contingente panteísta.

Esse nem sempre é percebido, em virtude do sincretismo religioso oriundo dos tempos das práticas escravagistas. O que se assemelhava aos rituais cristãos continha as práticas dos cultos dos ancestrais.

A natureza é traço marcante desses cultos. Ela se mostra por inteiro na forma de viver dos brasileiros. Convivem com natureza em seus vários aspectos. A exibição desinibida dos corpos é um deles.

Pode-se adiantar que a militância dos não-crentes não terá êxito entre os brasileiros. É própria de povos frustrados e deprimidos. No entanto, não se deve esquecer que a divindade, por aqui, tem um traço panteísta.

Como praticada na Europa, a descrença pode conduzir a um niilismo sem igual. A perda de referências leva as pessoas a um individualismo sem precedentes.

A um mundo sem valores e propício à prática de quaisquer atos. A crise financeira dos países centrais, certamente, tem grande parcela desse individualismo contemporâneo. Alarmantemente sem valores.

2 de fevereiro de 2009

Capítulo 42

Eluana Englaro e o debate sobre a morte

Quem perde sua capacidade ativa, já não importa. Voltamos à Eugenia utilizada como parte fundamental da ideologia de pureza racial nazista, que culminou no Holocausto.

Os tempos atuais conduzem a caminhos estreitos. Os elementos básicos da convivência ruíram. Como coletivo de ajuda recíproca, a família encontra-se em extinção. Há muito.

No passado, as pessoas conviviam e se apoiavam de maneira recíproca. Os desafios eram grandes. Faltavam elementos para amenizar as doenças e evitar a morte.

Ninguém, contudo, permanecia inteiramente abandonado. Sempre havia alguém, em determinado momento, ao lado do enfermo. Quando tudo faltava, restavam os hospitais, lugar próprio para morrer.

Morria-se em família. O enfermo rodeado por parentes e amigos. A vela, sinal do momento final, era colocada nas mãos dos moribundos pelos familiares.

Tudo mudou. O enfermo próximo da morte apresenta-se como estorvo na sociedade contemporânea. Todos procuram afastá-lo o mais rapidamente possível do contato com outras pessoas.

Os moribundos são lançados em unidades de terapia intensiva – as UTIs –, apartados dos familiares e amigos. Sedados. Não podem e não devem violar o cotidiano dos outros.

É traço do individualismo próprio da sociedade, ainda mais acentuado no Ocidente de fortes raízes capitalistas. Quem perde sua capacidade ativa, já não importa.

Transforma-se em custo sem contraprestação. É melhor que morra o quanto antes. A dramaticidade dessa situação atinge níveis antes impensáveis. Sociedades com forte carga humanística lançam-se em caminhos obscuros.

Um grande debate se desenvolve na Itália. As emoções sobem à tona e avançam para o cenário político com intensidade. Os poderes republicanos entram em conflito. Os políticos tomam posições antagônicas.

Um pai, declarando reproduzir a vontade expressa por sua filha, Eluana, em estado vegetativo há dezessete anos, pede a aplicação da eutanásia. A morte assistida é autorizada pelo Poder Judiciário.

Protestos entre os italianos. Muitos se colocaram contra a decisão judicial. O primeiro ministro, Berlusconi, em ato voluntarioso edita decreto-lei, instituto análogo a nossa medida provisória, proibindo a eutanásia.

O presidente da República, Napolitano, não referendou a medida. Implodiu forte crise entre os Poderes. A opinião pública tomou posições diversas. As emoções atingem alto grau de sensibilidade.

O tema toca a todos. A morte é o traço igualitário entre as pessoas. Ela irá alcançar indistintamente ricos e pobres. Marginais e santos. Pessoas saudáveis e enfermos permanentes.

As divagações sobre a morte apresentam-se de forma perene. Em todas as épocas, o tema marca presença. Muitas vezes, sob a visão religiosa e outras sob a perspectiva profana. A morte, porém, sempre esteve presente.

Daí muitos pensadores divagarem a respeito do assunto e na busca da morte fácil. Francis Bacon, nessa busca, cunhou a palavra eutanásia. Seu significado é morte boa.

Afirmou Bacon que a função do médico é obter a cura do paciente. Quando isto não for possível deve-se atuar para conceder ao enfermo a possibilidade de morrer sem dor ou sofrimento.

Antes, muito antes, Platão em sua *República* aponta para duas formas de morte provocada. A negativa e a positiva. Na primeira, deixa-se morrer. Na segunda, mata-se para evitar os ônus causados à sociedade pelos enfermos.

Aqui o perigo. A eutanásia positiva, defendida também, por Thomas More, em sua *Utopia*, leva a eugenia, ou seja, ao desaparecimento de todos os incuráveis. Eles seriam inúteis para a sociedade.

O santo, protetor dos políticos, mostrou-se impiedoso. Propagava, como uma das normas de sua Utopia, a morte dos inaptos fisicamente para a vida produtiva.

Aqui se está a um passo do nazismo e suas atrocidades. Volta-se, nessa passagem, a Eluana. Os aparelhos que a mantinham viva foram desligados. Em breve, ela não causará mais nenhum ônus a ninguém...

9 de fevereiro de 2009

Capítulo 43

Castelos e tesouros

Levar vantagem em tudo. Não importam os meios para alcançar a ostentação, seja na política ou nas relações financeiras. O importante é demonstrar poder. Real ou meramente aparente

Os castelos possuem inúmeras vertentes simbólicas. Podem indicar um local seguro, onde os inimigos não conseguem penetrar. O espaço próprio dos contos de fada na espera da chegada da princesa. Como também a suprema demonstração de prestígio e força.

A Europa é marcada por castelos. Todos os países europeus possuem castelos de formas diferentes, mas sempre destinados a preservar a intimidade e as riquezas da aristocracia. Foram construídos durante séculos e se mantêm ao longo dos séculos.

Por aqui, os castelos não marcam a nossa geografia. Às vezes, algum excêntrico edifica um exemplar. Todos olham – podem até admirar – mas sentem-se desconfortáveis com o artificialismo da construção. Não tem nada a haver com nossa cultura, clima e tradições.

Apesar dessas evidências, nas últimas semanas, encontramos nas páginas dos jornais, nos sites da internet e nos noticiários das televisões a estranha figura de um castelo lançado em plena zona agrícola.

Na sua grandeza, perturbava a imaginação dos mais equilibrados seres humanos. As explicações foram muitas. A mais plausível é sua construção no aguardo da abertura dos jogos de azar. Esses permitidos, o inusitado edifício se tornaria um cassino.

O jogo – apesar de praticado por toda a parte – continua proibido e, assim, o castelo tornou-se um imenso símbolo das fantasias nacionais. Sempre se age mediante a malícia de alguns e a fragilidade moral de muitos.

O castelo sem história, tradição, finalidade – pela ausência da legalização dos jogos de azar – transformou-se em símbolo perfeito da vida política contemporânea. Aqui e em toda a parte. Vale aparecer. Ser notado. Esbanjar aparência de riqueza.

Levar vantagem em tudo. Tornou-se mote orientador da existência de muitos. Não importam os meios para alcançar a ostentação. O importante é demonstrar poder. Real ou meramente aparente.

A observação vale para políticos e empresários. Dos políticos exige-se transparência plena. Nem assim em alguns casos a cupidez conhece limites. Muitos empresários não são diferentes. Até parecem piores.

A crise financeira norte-americana é símbolo dessa realidade. Dirigentes de instituições financeiras, titulares de altos vencimentos, sem qualquer escrúpulo, fraudaram confianças e romperam valores estabelecidos.

Milhares de pessoas que confiaram nos administradores de seus patrimônios, muitas vezes amealhados em anos de trabalho idôneo, viram-se conduzidos à miséria graças as artimanhas financeiras.

Se as autoridades estadunidenses não agirem contra os petulantes dirigentes de seus bancos insolventes, não haverá condições para se restabelecer o conceito de truste, a tão decantada confiança.

Sem confiança, torna-se impossível a preservação de laços entre as pessoas. Surge a inevitável fragilidade ética nas relações e, a partir desta, toda a sociedade é contagiada.

Não bastam os pacotes milionários aprovados pelo Congresso americano. Podem preencher vazios contábeis. No entanto, não fazem renovar a confiança perdida.

Essa só ressurgirá se autoridades judiciais dos Estados Unidos agirem com firmeza e destemor. A passividade até agora demonstrada indica uma ausência de vontade de punir.

Sem punição a fé do cidadão comum na República não se restaurará. Novos fatos acontecerão. Dizem os espanhóis, com sabedoria, que o homem é o único animal que tropeça duas vezes na mesma pedra.

Os Estados Unidos sempre se apresentaram com repositório de valores e princípios. Os últimos acontecimentos demonstram a fragilidade das instituições fiscalizadoras do país.

Trata-se de episódios extremamente graves para serem considerados como normais – vale o mesmo para o Brasil. Devem ser examinados com o rigor da lei penal.

Até o momento, o presidente Obama, esperança de todos os povos, exerceu sua ascendência apenas como financiador de instituições insolventes. Tudo bem. O sistema deve voltar a funcionar com normalidade.

Falta, agora, agir contra os operadores de má-fé, inidôneos e inescrupulosos. Caso contrário, seu patrimônio de credibilidade ruirá. Será mau para os americanos e para todos os povos.

Espera-se do presidente dos Estados Unidos fortes ações contra aqueles que, mediante artifícios virtuais, criaram falsa imagem de pujança financeira e apropriaram-se de riquezas honestamente acumuladas.

A pedra está à frente. Só o homem é capaz de tropeçar duas vezes na mesma pedra.

16 de fevereiro de 2009

Capítulo 44

Não vai dar certo

Os italianos esqueceram-se dos duros anos do fascismo. Voltam-se agora aos tempos da entrada dos camisas negras em Roma, numa dura caçada aos imigrantes ilegais.

O liberalismo italiano, no decorrer do Século XIX, influenciou enormemente o pensamento político dos países da América Setentrional. As grandes ondas imigratórias traziam, em suas pobres bagagens, a riqueza das novas idéias.

Os liberais, no interior do Ressurgimento, apostaram na dignidade do homem e na necessidade de preservá-la contra todas as formas de violência. Acreditavam na possibilidade de transformar as pessoas em pólos ativos e autônomos.

As comunidades sob os influxos dessas correntes de idéias conheceram acontecimentos de vanguarda. Os imigrantes combatiam pelos seus direitos e, entre esses, o de expressão do pensamento.

Essa escola de liberdade permitiu uma difusão do pensamento liberal em todos os países que recebiam notícias vindas da Itália. Depois, no Século XX, essas vozes silenciaram.

Lá e, por conseqüência, por aqui. Os ponteiros do relógio do pensamento alteraram a marcha. Agora, ofereciam as linhas da doutrina corporativista e, com o passar do tempo, o afastamento da dignidade do homem.

Foram os duros anos do fascismo, que tanta influência teve no Brasil. A Constituição de 1934 e, particularmente, a Carta de 1937 foram elaboradas a partir de princípios importados do constitucionalismo italiano. Anos difíceis. Os brasileiros conviveram com o Estado Novo e suas duras formas de repressão à liberdade e aos demais direitos das pessoas. Os italianos com o fascio e sua falsa grandiosidade. Tudo em vão.

A Segunda Guerra Mundial, com a dramática destruição que provocou, levou as pessoas novamente a pensar na centralidade dos indivíduos em todas as sociedades.

No Brasil, conheceu-se a queda do Estado Novo e a implantação da democracia.

Lá, na Itália, entre as ruínas causadas pelo conflito mundial, ergueram-se vozes corajosas. Em luta fratricida, a resistência democrática combateu os fascistas. Luta violenta e sem quartel. Grandes tragédias ocorreram.

Ao final, os italianos conseguiram repor o Estado como instrumento de equilíbrio, apesar das feridas deixadas pela luta pela liberdade. O bom senso de respeitados políticos permitiu o surgimento da primeira Constituição do pós-guerra.

A Constituição italiana de 1948 é modelo de documento constitucional elaborado com sabedoria e olhos lançados nas tradições anteriores ao fascismo. Liberais, democratas cristãos e comunistas entenderam a importância daquele momento.

Prosseguiu a Itália a oferecer exemplos de convivência política, apesar de surtos de violência por parte de células antidemocráticas. Conseguiram, porém, dentro da democracia, afastar os riscos de quedas autoritárias.

São lembranças históricas os diálogos entre comunistas e democratas, recheados de preconceitos, mas sempre elevados e produtivos. A Itália tornou-se uma entre as dez maiores economias em liberdade.

Esse passado repleto de ensinamentos políticos encontra-se, no momento, repleto de interrogações. Surgiu na Itália um estranho temor pelo estrangeiro. Os ilegais oriundos dos países do leste europeu produziram sentimento de insegurança.

Essa insegurança, suportada em episódios da vida urbana, gerou movimentos de revolta popular. Estupros, furtos e roubos ocorridos por toda a península, independentemente de maior investigação, foram atribuídos aos estrangeiros.

Esses passaram a ser odiados pelos nacionais. Um sentimento psicológico próprio de qualquer sociedade com traços e valores estabelecidos. O preocupante é a posição do Governo.

Uma escalada legislativa leva a posicionamentos que ferem as melhores tradições do pensamento democrático italiano. Primeiro, os médicos foram incentivados a apontar às autoridades os imigrantes ilegais.

A sagrada função de salvar vidas tornou-se, assim, uma forma de perseguição ao estrangeiro. Quem busca lenitivo para seus males, encontra a porta da expulsão. Um duro golpe nas muitas declarações de direitos humanos.

Agora, as coisas pioraram. Volta-se aos tempos da entrada dos camisas negras em Roma. O governo italiano autorizou a formação de milícias desarmadas, formadas por cidadãos, para percorrer as vias das cidades em busca de suspeitos.

As milícias são equipadas com rádio portátil e telefone celular e, a vista de qualquer suspeito, devem convocar a autoridade policial. O grupo deve ser constituído, especialmente, por antigos militares.

Um risco: o Estado abdicar do poder de polícia e transferi-lo a particulares. Hoje, encontram-se desarmados. Amanhã, darão mais um passo. No futuro, podem levar ao estado policial. É o fim do bom e seguro Estado de Direito.

24 de fevereiro de 2009

Capítulo 45

Bernardina conta toda a verdade

Em uma sociedade onde não há culto a heróis, os livros da intimidade das famílias conduzem a um revigoramento desse conceito. Tudo se torna singelo e prosaico. A vida é simples.

A análise do cotidiano é a melhor forma de se entender os grandes momentos históricos. Saber como as pessoas viviam. Quais seus costumes. Como se portavam frente aos acontecimentos.

Alguns historiadores lançaram-se a essa tarefa e puderam reproduzir os cenários europeus de várias épocas. Reconstruíram, assim, as raízes da própria civilização ocidental.

Essa escola historiográfica conquistou adeptos e, aqui no Brasil, muitos estudiosos lançaram-se à busca de documentos, especialmente familiares, que pudessem oferecer traços de nossa sociedade em momentos diferentes.

Todos ganharam. Hoje, já se pode conhecer, sem traços grandiloquentes, mas na singeleza do diuturno, como viviam os nossos antepassados. Esse estudo desmistifica e humaniza as figuras históricas.

Retratam as pessoas comuns com suas idiossincrasias, sonhos e frustrações. Querem pouco. Contentam-se com menos ainda. As vidas dos comuns não contêm surpresas. Correm sem sobressaltos maiores.

Estudar o passado, a partir de acontecimentos domésticos, permite recolher ensinamentos. Observar atitudes. Desmistificar os falsos heroísmos retratados pelos bajuladores.

Em uma sociedade onde não há culto a heróis, os livros da intimidade das famílias conduzem a um revigoramento desse conceito. Tudo se torna singelo e prosaico. A vida é simples.

A editora carioca Jorge Zahar – já tão tradicional na oferta de grandes obras – acaba de publicar um livro precioso: *O Diário de Bernardina*. Ou Da Monarquia à República pela filha de Benjamim Constant.

Exatamente isso. Em cadernos singelos, com estilo direto e sem rebuscamentos, a filha de um dos proclamadores da República registra o dia-a-dia da família, nos dias que antecederam o 15 de novembro.

Nada de heróico. Prosaico. A monarquia está para ruir. Na família de Benjamim Constant de Botelho de Magalhães, a preocupação é comprar um terno para o pai. Ou um mero chapéu para mãe.

Triste. Benjamin Constant, nas vésperas do grande acontecimento, sofria uma tremenda dor de dentes. Sua mulher, uma esposa como as de antigamente, prepara emplastros para colocar na face do herói.

Não venceu a dor e muitos menos o inchaço. Restou ao dentista dar fim ao sofrimento do proclamador da República. Extraiu o dente. Solução definitiva. Nada de implantes. Restou o vazio.

As visitas entravam e saiam da moradia de Benjamin Constant, em uma monótona repetição. Nas vésperas do golpe, uns poucos oficiais e estudantes das Escolas Militares aparecem. Entram e saem.

Após a implantação da República, as visitas se ampliam, surgem Floriano Peixoto e Deodoro da Fonseca. No dia 15 de novembro, também Ruy Barbosa vai à casa do mestre positivista.

Fantástico. Nas vésperas da queda do Império, ocorre o conhecido Baile da Ilha Fiscal. A família de Benjamin Constant fica excitada. Não foram convidados. Faltava-lhes nobreza.

Dirigem-se ao cais e ficam assistindo estupefatos a passagem dos muitos convivas: oficiais chilenos e nobres, naquele ato que seria o último da monarquia.

Benjamin Constant não se conforma. No embarcadouro, solicita permissão para a ida de sua família até a ilha e retornar, sem ingressar no baile. Apenas para ver de perto.

Não foi consentido. Bernardina registra: papai alugou um escaler e fomos até perto da ilha. Vimos perfeitamente as pessoas e a ilha, conclui a filha do proclamador da República. Todos fora do baile.

Benjamin Constant, segundo o relato de sua filha, era uma pessoa simples. Detestava andar fardado. Apreciava roupas civis. Tinha hábitos além de singelos. Residia com a família em um instituto oficial de ensino*.

Mostrou-se um típico brasileiro. Não se despediu de D. Pedro II. Esse, ao embarque, considerou Deodoro e Constant dois grandes amigos. Quis se despedir do pai de Bernardina.

Seu pai, porém, não foi ao abraço final. Sentiu-se muito comovido e não teve coragem. Pedro II era muito estimado pelo povo. Bernardina, em sua simplicidade, mostrou o Brasil por inteiro.

Não se nasce no Brasil para herói. Isso é coisa de povos sem confiança em si próprios. Precisam de símbolos para sobreviver. O brasileiro sabe que tudo que é humano é falível.

2 de março de 2009

---

* A leitura do Diário permite compreender o art. 8º das Disposições Transitórias da Constituição de 1891: "A viúva do mesmo Dr. Benjamin Constant terá, enquanto viva, o usufruto da casa..." onde morreu o republicano.

Capítulo 46

Amarga comemoração

É tempo de mudar. Se existe uma verdadeira intenção de tornar a mulher companheira da travessia, torna-se necessário recompor a forma de vê-la e compreender sua fragilidade face à brutalidade da vida contemporânea.

Os meios de comunicação trazem ao conhecimento da sociedade episódios que, antes, ficavam escondidos no interior dos mais variados segmentos, algumas vezes sem voz e sem identidade.

Sempre aconteceram práticas de violência contra as crianças. Por toda a parte. A moderna literatura escancara episódios de forma amarga e inaceitável.

Em todos os tempos, o incesto e a promiscuidade estiveram presentes em determinadas situações. Algumas vezes escondidos pela imensa pobreza e outras pela excessiva opulência.

Em ambas as hipóteses, configuram-se – o incesto e a promiscuidade – como enfermidades graves de ordem psicológica. Quase sempre indicam vontade de posse contra o mais fraco.

Nada mais abominável. Agredir moral e fisicamente uma criança é ato indigno. Merece forte e grave repúdio. Nem sempre, contudo, é assim. Por vezes, motivos díspares afastam uma análise crítica da atitude do adulto.

Ainda agora, toma-se conhecimento de cena degradante. Um padrasto abusou durante longo tempo de sua enteada, menina com apenas nove anos de idade.

Uma criança. Apenas uma criança. No entanto, na sua tenra idade, usada sexualmente, engravida. Uma tragédia de incomensurável dor. Um sentimento de vergonha invade as consciências.

Nenhuma palavra ergueu-se contra o agressor. A hierarquia religiosa romana apenas execrou o ato da equipe médica que, autorizada pela Justiça e pela mãe da menor, afastou a gravidez.

Médico e sua equipe foram excomungados, isto é, excluídos da comunidade religiosa à qual pertencem. Aplicou-se a mais grave das censuras canônicas.

Nada de processo legal. A pena foi aplicada sem qualquer conhecimento dos acusados. A vontade exclusiva da autoridade. Um fundamentalismo excessivo.

Muitas as variáveis presentes. Uma menor indefesa. Um homem rude e sem escala de valores. Uma equipe médica autorizada a romper a gravidez indevida. Uma autoridade religiosa de visão dogmática.

No centro da polêmica uma mulher, ainda criança. Aqui, ainda um traço dramático. Tudo ocorreu nos dias que antecederam a data internacional das mulheres.

A coincidência mostra como ainda não existe na sociedade contemporânea, apesar dos avanços, vontade de preservar a mulher em sua fragilidade física. Manter seu corpo inviolável, sem seu expresso consentimento.

Há um machismo milenar nas consciências masculinas. Esse ainda coloca a mulher, muitas vezes, como mero objeto, sem consciência e vontade própria.

Pode ser agredida. Se a agressão conduzir ao uso não autorizado de seu útero, nada há a fazer. Aconteceu. Ponto e basta. Sofra a mulher todas as conseqüências de sua condição feminina.

Um absurdo. A situação da mulher necessita ser repensada e reexaminada dentro dos cânones de uma sociedade que procurou oferecer igualdade entre os sexos.

Falsa igualdade, como se constata no amargo episódio da menina de nove anos. Ela, por ser mulher, deve suportar todos os ônus de sua feminilidade. Ser agredida. Portar a gravidez fruto da concupiscência masculina e adulta.

A preservação da atual visão da figura da mulher merece ser revista. Já não se admite ver a mulher como na Idade Média, quando milhares foram sacrificadas nas fogueiras inquisitoriais.

Não possuíam culpas individuais. Muitas foram vítimas da luxúria masculina. Essa, perdoada pelos mais fúteis motivos. É tempo de repensar a tragédia humana.

Se existe uma verdadeira intenção de tornar a mulher companheira da travessia, torna-se necessário recompor a forma de vê-la e compreender sua fragilidade face à brutalidade da vida contemporânea.

É tempo de mudar. No futuro dia oito de março, lá em 2010, espera-se a verificação de avanços. Autoridades civis e as hierarquias religiosas precisam abandonar velhas condutas.

Na vida, há situações e situações. Cada uma com peculiaridades próprias. Em cada situação, torna-se necessário um exame de seu perfil. Jogar todas em um mesmo cânone é praticar o pecado da omissão.

9 de março de 2009

Capítulo 47

Obama perde

Acerta quando preserva o sistema financeiro. Mas erra quando permite a permanência dos executivos dos bancos em seus postos. E cai.

Segundo observadores da cena política dos Estados Unidos, a popularidade do Presidente Barack Obama se encontra em queda. As explicações são diversas.

A mais plausível salta aos olhos. O governo norte-americano tem despendido imensos recursos na salvação do sistema financeiro do país.

Todos sabem a importância dos bancos para a normalidade dos fluxos monetários entre os múltiplos agentes econômicos. Não é necessária a exposição de nenhum economista sobre o assunto.

Qualquer cidadão comum capta e reconhece essa importância. Então, por que cai a popularidade de Obama? Simples. O governo federal dos Estados Unidos capitaliza os bancos. Não avança.

Na condição de acionista de emergência, não exige a mudança dos quadros executivos das instituições financeiras. Ficam os mesmos dirigentes que levaram os bancos à ruína.

É paradoxal. Esses dirigentes mostraram-se vaidosos, pretensiosos e incompetentes. Em razão de suas incapacidades – e soberba – recebem como prêmio a manutenção de seus altos postos.

A sociedade estadunidense se revolta. Pessoas perdem seus empregos e suas casas. Vivem dos serviços sociais. Os que conduziram a comunidade à desesperança continuam a usufruir benesses.

Não é plausível. A sociedade se revolta. E com razão. Trilhões de dólares são injetados no insolvente sistema bancário e norte-americanos padecem privações incomuns.

As sociedades e seus políticos ainda não conseguiram elaborar rígidos instrumentos de fiscalização dos atos dos titulares de cargos executivos bancários.

Esses fazem o que querem. A título de "alavancagem" edificam pirâmides financeiras inconcebíveis. Praticam verdadeiros estelionatos. Nada acontece. São saudados como gênios do mercado.

Quebram empresas. Levam ao desemprego. Conduzem ao desespero social. São anunciados como competentes operadores do mercado. Contradições do capitalismo.

Esses gênios contam com a complacência de governos amorais. No interior dos países em que operam e, fora, nos chamados "paraísos fiscais". Essas latrinas onde se depositam dinheiro sujo.

O numerário originário da corrupção na política. Da venda de produtos subfaturados. Do tráfico de entorpecentes. Ou, ainda, do trânsito de órgãos humanos e pessoas. Passagem de dinheiro para a prática do terrorismo.

Agora, depois da queda dos sistemas financeiros. Os paraísos fiscais passam a ser mais controlados. Seus bancos devem romper o sigilo sobre as contas de seus clientes.

É pouco. Não pode se admitir o trânsito de dinheiro sem origem definida. Os governos devem impor a obrigação de plena identificação de quaisquer recursos financeiros.

Um cordão de isolamento deve circundar os mais de 44 paraísos fiscais existentes e conhecidos pelas autoridades. Eles se caracterizam como agentes da atual crise mundial.

Chega de complacência. Agiu bem a promotoria de Nova York ao encarcerar a Madoff, esse gênio do mal. Prometia ganhos exuberantes. Presidiu a Bolsa de Valores. Vivia nababescamente.

Agora, encontra-se em um minúsculo cárcere. Serve como exemplo. A má-vida não pode ser elevada a padrão de comportamento. Ao contrário. Precisa ser alijada do convívio social.

A sociedade norte-americana exultou com o acontecimento. A Lei de Talião ainda se encontra presente no subconsciente das pessoas, apesar dos avanços das doutrinas penais.

Não pode – pensa o cidadão médio – alguém que agiu com malícia continuar a viver sem penalização. Ausência de sanção contra o infrator é a própria fragilização do Estado de Direito.

Obama, quando preserva o sistema financeiro, atua com sabedoria. Quando permite a permanência dos executivos dos bancos em seus postos, opera desatinadamente.

Fere a dignidade da cidadania. Humilha os milhões de norte-americanos que padecem pela desídia de poucos. Peca. Como pena, é contemplado com a perda de sua popularidade.

16 de março de 2009

Capítulo 48

Excessos perigosos

Lástima. Parlamentares ao invés de legislar, homologam medidas provisórias. Quando deviam fiscalizar, esgrimam entre si.

Na vida política nacional, uma constatação é inequívoca. Hoje, não existe oposição. A hegemonia do Executivo é flagrante. Os legislativos já não exercem a função de fiscalização, prevista na doutrina.

Essa é uma grave anomalia. Deforma os mecanismos democráticos tradicionais. A tripartição de poderes, tão saudada pelos constitucionalistas se dissolveu. Criou-se um monstrengo.

Esse aparenta exercício normal de funções. Na verdade, anda capengando por todos os lados. Já não caminha com a admirável desenvoltura imaginada pelos pensadores do passado.

Resta, nesse quadro, uma instituição com traços revigorados pela Constituição de 1988. Trata-se do Ministério Público. Fiscaliza. Atua com desembaraço e, por vezes, ingressa em cenário alheio às suas atribuições.

Ainda assim sua atuação é significativa e respeitada. Cria limites aos administradores e aponta as incidências de improbidade no dia-a-dia da administração pública.

Ocorre que esse mesmo Ministério Público, tão vivaz no acompanhamento dos Executivos, tem se mostrado tímido na fiscalização do Poder Legislativo. Há uma presença diária de acontecimentos bizarros no interior dos parlamentos.

As casas do Congresso Nacional criam situações inacreditáveis. O Senado com seus quase duzentos diretores ou a Câmara com as verbas sem transparência dão mau exemplo e fazem má figura perante a sociedade.

Esses maus exemplos são seguidos pelas municipalidades, onde, por vezes, as Câmaras Municipais se excedem em conceder privilégios para seus membros. São agraciados com todas as benesses.

Ora, os parlamentos se constituem em instituições plasmadas para conceder voz à vontade popular. A velha representação imaginada pelo Abade Siéyès retirou a voz da cidadania e a fez falar pelos seus legisladores.

A esses incube elaborar as leis e – insiste-se – fiscalizar os atos do Executivo. O noticiário dos meios de comunicação demonstra exatamente o contrário. Os legisladores perderam-se em divagações bizantinas.

Deixaram, assim, de atuar em suas efetivas funções. Uma lástima. Ao invés de legislar, homologam medidas provisórias. Quando deviam fiscalizar, esgrimam entre si.

Essa perda de funcionalidade conduz a um descrédito dos parlamentos perante a opinião pública. A sociedade passa a elaborar indagações. Essas levam a conclusões.

Céticas e inoportunas. Porque fragilizam a democracia. Esse regime, com longa trajetória de formação, recebeu clássica conceituação: o governo do povo pelo povo.

Essa mesma conceituação se banaliza. Muitos já perguntam se a democracia deixou de ser o governo do povo pelo povo para se tornar o governo dos políticos para os políticos.

Aqui o grande risco. Em momentos de crise econômica, o enfraquecimento das instituições pode conduzir a caminhos tortuosos. Há dramáticos exemplos históricos.

A Alemanha, após a Primeira Grande Guerra, produziu o nazismo. A União Soviética, com a desmoralização da Dieta, levou à ditadura comunista. Os exemplos são recorrentes. Bastam esses dois pela grandeza.

Parece não existir riscos para situações de tão intensa dramaticidade. No entanto, os Executivos, em situações de fragilidade social e econômica automaticamente tornam-se ativos e audaciosos.

Essa realidade, contudo, não é percebida pelos parlamentos nos três níveis: federal, estadual e municipal. Parecem não constatar a gravidade do cenário econômico com fortes reflexos sociais.

Tornaram-se representantes de si próprios. Esquecem que receberam um mandato do povo para a defesa dos interesses do mandatário. Em uma operação esdrúxula, repete-se, tornaram-se representantes de seus próprios interesses.

Não há na democracia espaços para fragilidades morais. A transparência, atributo principal do regime, faz com que toda a cidadania acompanhe com olhos críticos todos os atos de seus representantes.

É tempo de uma reformulação de atitudes. A sociedade espera maior compostura cívica de seus representantes nos parlamentos. Aguarda-se uma reforma política para breve. Seja essa a redentora da vida parlamentar.

23 de março de 2009

Capítulo 49

Sociedade movediça*

O antigo nativismo foi substituído por um globalismo sem regras, onde os mais fortes dominam sem qualquer limite. Hoje, a pasmaceira é geral. Já não existe esperança coletiva. A solução é voltar ao passado para construir o futuro.

A leitura do noticiário diário contém um traço de masoquismo. Só más notícias. O Senado com o seu sem número de diretorias. O indiscriminado quadro de funcionários da Câmara. Um nunca acabar de mordomias.

No campo particular, nada melhor. Loja de luxo subsidiada por desvios fiscais indevidos. Empreiteira utilizando-se de mecanismos financeiros fora da lei para o envio de numerário para o exterior.

Um Deus nos acuda. Em tempos moralmente tão empobrecidos, um retorno ao passado reconforta o espírito. Não porque, naqueles tempos, tudo fosse perfeito. Mas, ao menos, possuía-se um salutar nativismo.

Agora, o nativismo foi substituído por um globalismo sem regras, onde os mais fortes dominam sem qualquer limite. Querem. Ponto e basta. Fazem. Os outros países que os acompanhem.

---

* Denise A. Soares de Moura. *Sociedade movediça. Economia, cultura e relações sociais em São Paulo - 1808-1850*. São Paulo: Unesp, 2005.

Essa situação social e econômica leva ao desânimo. Os líderes políticos apequenaram-se. Só pensam no próximo pleito. Não possuem visão de estadista.

Deixam de apresentar novas idéias. Programas de governo rigorosamente nacionais. Já não se pensa no Brasil. Apenas interesses pessoais ou grupais. Esses movem o pensamento político.

Lamenta-se. Um cenário como o descrito leva a uma passividade social. O individualismo assume níveis excessivos. O coletivo deixa de ser preocupação das pessoas comuns e de seus representantes.

Já foi melhor. No período que sucedeu a proclamação da independência do Brasil, tomado como singelo exemplo, surgiu por toda a parte um surto positivo de nacionalismo.

Esse nacionalismo possuía como símbolo – acredita-se – a Constituição. Todo o ato cívico era considerado constitucional. Qualquer manifestação negativa, o autor passava a ser cognominado como anticonstitucional.

Bons tempos. Os brasileiros começavam a constituir o Estado Nacional e a própria nacionalidade. Na corte, seccionou-se a sociedade. Surgiram, informalmente, o partido dos portugueses e aquele dos brasileiros.

Na pequena e acanhada São Paulo, logo após a instalação da Faculdade de Direito, inicialmente com significativo alunado e depois com grande decadência – onze alunos por qüinqüênio – o civismo consolidava-se.

Uma forma de exposição de idéias foi o teatro. Esse fenômeno não se registrou apenas em terras paulistanas. Também ocorreu em Mariana, São João Del Rei, Ouro Preto, sem contar no Rio de Janeiro.

As primeiras manifestações teatrais circunscreveram-se a temas populares e de defesa de interesses sociais. Os estudantes de Direito apresentavam-se como atores e agiam como tais.

Logo, a manifestação mereceu consideração pelos segmentos econômicos superiores. Passaram a apresentar encenações para as famílias e os temas tornaram-se leves. Próprios para figuras diletantes.

O poder preocupou-se. Surgiu a censura. Toda a peça merecia prévia aprovação da autoridade e sua representação acompanhada para evitar "cacos" inaceitáveis para a ordem social.

O teatro tornara-se agente de fermentação política. Exigia transformações. Encenava peças de repúdio a práticas do passado. Antonio José, o autor luso-brasileiro morto pela Inquisição, tornou-se tema.

O texto de Gonçalves de Magalhães sobre Antonio José pode, de maneira ampla, ser considerado o instante do nascimento do teatro nacional. Sua encenação no dia 13 de março de 1838 é marco na História.

Aconteceram, desde os primórdios, atos de autoritarismo. A peça O Triunfo da Natureza, que os estudantes pretendiam encenar no dia sete de setembro de 1838, foi proibida.

O veto partiu diretamente do Imperador. Pretendiam evitar distúrbios. O exercício da cidadania sempre conheceu dificuldades por estas terras. Alguém o impedia. Monarca ou republicano, tanto faz.

A diferença dos tempos antigos com os contemporâneos é sensível. Antes os estudantes lutavam por ideais. Acreditavam. Buscavam intervir. Oferecer propostas.

Hoje, a pasmaceira é geral. Há um sentimento de frustração. Estuda-se, até mais que antes, mas já não existe esperança coletiva. O outro pouco importa. O sentimento de brasilidade esvaiu-se.

É preciso voltar ao passado. Só assim se construirá o futuro.

30 de março de 2009

Capítulo 50

Vale a fotografia

A reunião do G20 é a melhor demonstração de como se faz política na atualidade. O estadista moderno deve se apresentar leve, popular. Mesmo com o mundo caindo à sua volta e as finanças de seu país em ruínas. O que vale é como ele sairá na mídia.

Há situações inusitadas. Demonstram que os costumes se alteraram. E muito. Basta uma leitura superficial dos jornais. Uma vista dos olhos nos noticiários de televisão. Uma rápida busca na internet.

As pessoas já não se comportam com os valores de ontem. Hoje, vale o espetáculo. Imagens são elaboradas. O conteúdo pouco importa. O cenário é apenas o imediato. O pano de fundo não interessa.

Exposta em todos os meios de comunicação sem limites, a reunião do G20 é a melhor demonstração de como se faz política na atualidade. Os chefes de Estado se reuniram para resolver os graves problemas da atualidade.

Procuraram se expor aos meios de comunicação como figuras jovens, alegres e despojadas. Tudo bem. O estadista moderno deve se apresentar leve, popular. Não se assemelha às figuras soturnas do passado.

Assim, exige o estado espetáculo surgido com o aparecimento dos meios eletrônicos de comunicação. Os publicitários suplantaram os doutrinadores e os ideólogos.

A mais competente das pessoas nada consegue sem uma competente equipe de criadores de imagens. Eles – os marqueteiros – mostram-se capazes de realizar o impossível.

Transformam um razoável ator em estadista. Um modesto político em notável agente público. Assim é. E, com essa realidade deve se conviver. No entanto, cabe a cada um individualmente realizar suas próprias análises.

Tome-se a reunião do G20. Ela foi convocada a partir de uma pauta extremamente amarga. A maior crise suportada pelo sistema capitalista de matriz monetária.

O sistema financeiro, com epicentro nos Estados Unidos, sofreu um abalo sísmico sem precedentes. Ruiu. A concessão de empréstimos sem qualquer rigor conduziu a um consumismo desenfreado.

O consumismo, por seu turno, gerou uma avassaladora onda de aquisição de bens voluptuários. Todos compravam sem limites. Não importavam os ônus. Os saldos dos cartões de crédito são para liquidação futura.

O futuro chegou e, no presente, bancos quebram. Pessoas ficam inadimplentes. A conseqüência direta e imediata foi a perda de postos de trabalho em ciranda constante e contínua.

Milhões de desempregados vagam pelas ruas dos Estados Unidos. Acampamentos de sem teto espalham-se pelas cidades norte-americanas. A Europa não apresenta melhor cenário.

Com uma agravante, os europeus passaram a perseguir os estrangeiros. Não apenas por preconceitos religiosos ou raciais. Sim, principalmente, pelo temor da ocupação de postos de trabalhos pelos imigrantes.

O desespero espalha-se por toda parte. Na Ásia, em países suportados por regimes totalitários, travestidos de capitalistas, os governos agem rudemente contra a população.

Na África contemporânea, produto direto do colonialismo, milhares de pessoas morrem de fome e de doenças com prevenção possível. Esquecidas e marginalizadas.

Esse cenário, sem precedentes, no entanto, parece não comover os líderes dos países componentes do G20. Nenhum rosto compungido. Ao contrário. Só sorrisos e alegria.

Abraços. Apertos de mão com a sonoridade de frases de efeito. Rostos iluminados pela alegria de viver. Pouco importam os milhões de desempregados.

Vale a imagem imposta pelos publicitários dos vários governos. Se a imagem é boa, tudo vai bem. Desemprego. Falcatruas financeiras. Estelionatos. Ninharia sem importância.

Os velhos monges medievais impunham a si e a seus discípulos a sisudez na face. Nada de sorrisos. Muitos menos a gargalhada. Ambas as expressões demonstravam pouco juízo.

Não se pode exigir dos dignitários contemporâneos idêntico rigor. Um pouco de compostura perante a tragédia, porém, é indispensável. Muitos dos componentes do G20 pareciam em convescote.

Uma festa entre amigos. Os sofredores das incúrias dos magnatas das finanças pouco importou. Valem pouco. O importante é aparecer bem na fotografia.

6 de abril de 2009

Capítulo 51

Esta é demais

É melhor a existência de um parlamento a ser fiscalizado que o silêncio das ditaduras.

Passaram-se cem anos. A frase de Silvio Romero permanece com validade plena. Esse é um país onde a mais elevada prova de talento consiste em dizer a maior cópia de tolices nas mais retumbantes frases.

É o que se vê por ai. Um senador, investido de mandato representativo, prega um plebiscito para ouvir a sociedade sobre o fechamento do Congresso. Quer revisão dos procedimentos das duas casas.

Certo. Realmente, as duas casas – Câmara Federal e Senado da República – têm procedido de forma lamentável. O uso indevido da máquina administrativa para proveito próprio é regra.

Ora, no regime republicano, nada mais lamentável, que a utilização dos bens públicos em proveito particular. Empregadas domésticas remuneradas pelos cofres públicos. Aviões suportados pelo erário. Mordomias infinitas.

Ainda assim, é melhor a existência de um parlamento a ser fiscalizado que o silêncio das ditaduras. No interior destas, os descalabros são muitos e ninguém pode elevar a voz.

O acontecimento – consulta popular para fechamento do Congresso – possui raízes mais profundas. Demonstra o desconforto existente na atualidade com as velhas fórmulas democráticas tradicionais.

Desde a Revolução Francesa, as democracias tornaram-se reféns do mandato popular concebido por Abade Sièyes. Retiraram do povo a possibilidade de agir de acordo com suas intenções e interesses.

O argumento é simples. As massas populares agem sem razão. Podem ser manipuladas com facilidade pelos impulsos de um líder carismático ou emoções de circunstanciais.

Há eventuais razões nos argumentos dos defensores do mandato representativo. No entanto, esquecem esses mesmos arautos das diferenças existentes entre o mundo dos anos novecentos e o Século XXI.

Hoje, a informática permite o conhecimento das vontades individuais de maneira singela e sem cargas emocionais. De sua casa, qualquer cidadão pode oferecer sua opinião sobre os mais diversos temas.

É verdade incontestável. Permanecem, contudo, os velhos temores gerados nas elites pelos acontecimentos de 1789. A luta fratricida ocorrida na França revolucionária marcou indelevelmente a alma do Ocidente.

A democracia direta, agora menos ruidosa e menos vulnerável à pregação de demagogos, continua afastada da prática política, apesar de expressa permissão constitucional.

Algumas experiências poderiam ser realizadas. Muitos assuntos de interesse coletivo deveriam ser lançados em consultas populares. Permitiriam conhecer a nação profunda.

Em todas as oportunidades que plebiscitos foram realizados, nada de anormal se verificou. A afirmativa em favor da república mostrou-se acertada. O apoio ao presidencialismo convincente.

Mais tarde, a consulta sobre o uso das armas mostrou resultado coincidente com a realidade. Afastou utópicas proposituras de grupos distantes da sociedade.

Errou quem pediu consulta sobre o eventual fechamento do Congresso. Essa idéia não pode passar pela mente de nenhum democrata. Pode-se e deve-se exigir compostura dos parlamentares.

Eles, no entanto, a par da democracia direta, apresentam-se como elementos inerentes à vida em uma verdadeira democracia. É maligno o pensamento em contrário.

Falta, nesse momento, uma consulta sobre os limites de despesas permitidos aos parlamentares. A vida de um representante popular não é fácil. Deve ouvir seus representados e se deslocar continuamente.

Esse sacrifício merece ser registrado. Ele, todavia, não pode permitir os abusos indiscriminados. Esses ferem o princípio da moralidade e agridem a todos os cidadãos.

Um parlamentar exerce, além da representação, uma atividade pedagógica. Educa a sociedade para a prática de atos de civismo. O senador ou deputado que age de maneira diferente frauda valores éticos elementares.

A inoportuna e isolada opinião de um senador merece repúdio em sua desconformidade com a preservação da democracia. Vale, porém, como alerta a degradante ação de alguns parlamentares.

13 de abril de 2009

Capítulo 52

Triste sina

No Brasil, comemoram-se várias datas históricas, que rendem longos feriados e dias de descanso. Mas pouco se fala e se sabe da verdadeira história que originou a comemoração. Criou-se uma cultura da indiferença. Tiradentes, por exemplo, era o mais simples dos inconfidentes.

Os acontecimentos históricos já não merecem registros. Passam como meros feriados. Longos dias de descanso. Nada mais. Nenhuma reflexão. Já não importam. Criou-se uma cultura da indiferença.

A massa de informações e a massiva presença de notícias vindas de todas as partes relegam o passado ao mero esquecimento. Não é bom. As experiências de ontem podem ser úteis nos dias contemporâneos.

Vive-se o grande feriado de 21 de abril, data comemorativa da morte de José Joaquim da Silva Xavier, o Tiradentes, um simples alferes. Uma figura popular emblemática.

Vivia sua existência pacata lá pelas terras das Gerais. Nunca foi promovido. Ao contrário, preterido por quatro vezes em sua intenção de subir na carreira militar.

Extraía ou renovava dentes. Elaborava próteses com dentes de ossos ou de madeira. Não era um desclassificado. Não pertencia, contudo, à elite da colônia.

Envolveu-se, porém, com figuras relevantes e notáveis das Minas Gerais. Um grupo de intelectuais refinados. Possuíam bibliotecas de qualidade. Debatiam acontecimentos longínquos.

Conheciam a Revolução Americana. Desejavam tê-la como parâmetro. A liberdade era objetivo comum. Ainda que suportada na visão da conquista de uma anistia geral.

O quinto do ouro sufocava os ricos. Esses imaginavam a possibilidade de se verem livres do pesado tributo. Os filhos, vindos de estudos em Coimbra e Londres, divulgavam as excelências da revolução industrial.

Todos divagavam. Nas minas, aonde a extração do ouro ia ao esgotamento, escravos padeciam situações desumanas. O futuro destino dessa mão-de-obra era debatido.

A liberdade, objeto de pregação, não poderia levar à desordem social? Indagavam os inconfidentes. Não atingiam o consenso. Dividiam-se. A intelectualidade perdia-se em divagações.

Tiradentes, personagem popular, percorria as estradas entre Minas Gerais e o Rio de Janeiro. Divulgava o movimento. Aproveitava-se do descontentamento existente entre os comerciantes cariocas.

A metrópole determinara o recolhimento de teares a Lisboa. A industrialização sofria vedação absoluta. Aos nativos apenas a permissão de comerciar bens permitidos pela coroa portuguesa.

Avançava a pregação do alferes. Os intelectuais dialogavam em suas casas bem situadas. Aconteceu o esperado. A coroa tomou conhecimento da rebeldia de seus súditos.

São presos. Todos levados para o Rio de Janeiro. Começava o grande processo. Afinal, o julgamento. Alguns enviados ao exílio na África. Uns poucos absolvidos. Na prisão, a morte estranha de um inconfidente.

A pena de morte é aplicada. A vítima o mais simples dos inconfidentes. Tiradentes é condenado à forca. Morte com indignidade. O seu corpo esquartejado. Sua casa – alugada – destruída e o terreno salgado.

O episódio lembra tantos outros de nossa História. Até os mais recentes. Os intelectuais exilados. Os outros confinados em prisões, torturados e, muitas vezes, mortos. Sem qualquer perdão.

Tiradentes, esquecido durante todo o período monárquico, começou a ser lembrado e exaltado após a proclamação da República e muito intensamente durante o Estado Novo.

São os paradoxos da História. Uma personagem da liberdade objeto de veneração em plena ditadura de 1937. Compreende-se. O Estado Novo foi um período nacionalista. O herói buscou a soberania para os brasileiros.

Quando pormenores da Inconfidência Mineira são recordados, cenas exemplares saltam aos olhos. Tiradentes, no momento derradeiro, beijou os pés do carrasco. Símbolo de perdão concedido.

O carrasco retribuiu. O condenado não morreu ao ser lançado ao espaço com a corda ao pescoço. O algoz não titubeou. Jogou-se às costas do condenado.

Esta imagem derradeira do sacrifício de Tiradentes é exemplar. Marca todo o percurso do próprio povo brasileiro. Sempre há alguém a se lançar às costas dos desvalidos. Triste sina.

20 de abril de 2009

Capítulo 53

Tradição e malignidade

A descoberta dos filhos de Fernando Lugo, ex-bispo e atual presidente do Paraguai, tornou-se um show à parte naquele país. Prefere-se o sadismo de esmiuçar sua intimidade, a discutir o tormentoso tema do celibato imposto ao clero.

Volta à cena um velho tema. A paternidade atribuída a um celibatário. O enredo se desenvolve no Paraguai e tem como personagem principal nada menos que o próprio presidente da República.

Antes de sua eleição, Fernando Lugo era bispo da Igreja Católica Romana. Agora, passado alguns meses no exercício do cargo presidencial, é apontado como pai de três crianças.

O assunto, inerente à esfera da intimidade, tornou-se público e tomou feições políticas. A oposição paraguaia, aproveitando-se do surgimento da prole, deseja o afastamento de Lugo.

O debate é intenso. Os meios de comunicação preenchem e expandem espaços para noticiar o inusitado: um bispo pai. A análise do episódio permite inúmeros ângulos de observação.

Certamente, o mais sensível sob o ponto de vista das pessoas é aquele da intimidade. Pode a vida privada das pessoas – mesmo que ocupem altos cargos – ser esmiuçada sem qualquer constrangimento?

É pergunta que se impõe. Na contemporaneidade, como doença endêmica, surgiu o deplorável vício de violação da privacidade das pessoas, tornando-as passíveis de uma exibição danosa.

Exatamente isso ocorre, no Paraguai, com o caso do bispo afastado Fernando Lugo. Todos se preocupam em conhecer sua vida pregressa e sua intimidade. Os seus passos pretéritos.

Há uma procura diabólica de novos filhos para o presidente. Uma caça a mais um membro para a prole em franco crescimento. Nada moralista. Simplesmente, a presença de um manifesto sadismo. Sadismo coletivo.

Outro ângulo de visão se coloca no campo religioso. A tradição católica, a partir do século IV, exigiu dos sacerdotes a adoção do celibato. Foram resoluções dos Concílios de Elvira (306) e de Roma (386).

Agora a indagação é direta: a imposição do celibato, em pleno século XXI, condiz com os atuais costumes e com as exigências da nova cultura do corpo?

É resposta de aparente simplicidade. Parece ser inoportuna a castidade por ferir a própria condição humana. A virgindade consagrada só pode se originar de casos especiais e respeitáveis de opções individuais.

Exigir a todos aqueles que desejam se dedicar ao sacerdócio a castidade obrigatória parece ferir o bom senso médio. Ou permitir o surgimento de situações extremamente degradantes.

O caso do bispo Lugo – hoje presidente da República – é emblemático. Um homem dinâmico com vocação de líder vê-se envolvido em uma teia de circunstâncias próprias do cotidiano das pessoas.

Deplorável, mas compreensível. Apontá-lo como um transgressor é romper os limites do pensamento médio das sociedades contemporâneas. Elas são mais compreensíveis com as fragilidades humanas.

Dramática a situação vivida por Fernando Lugo. Ainda mais dramático é o silêncio da hierarquia. No Paraguai, prelado manifestou-se contrário ao presidente.

Roma, porém, preserva-se em profundo silêncio. Cala-se. Não deseja alterar a regra imposta pela tradição. Foge do tormentoso tema: o celibato imposto ao clero.

Todas as divagações se originam de um país com profundas raízes religiosas. Todas as ordens católicas históricas encontram-se no Paraguai de longa data.

Franciscanos, dominicanos e jesuítas instalaram-se entre os paraguaios desde os primeiros anos da presença espanhola. Encontraram as populações autóctones com seus usos e costumes.

Essas liam os fenômenos naturais e, a partir desses, deslocavam-se pelo imenso território formado por espaços hoje distribuídos entre a Argentina, Bolívia, Brasil e Uruguai até alcançar os altiplanos peruanos.

Por esse imenso território deslocavam-se quando da ocorrência de eclipses totais do sol ou a produção de tornados e enchentes. Nessas oportunidades, os pajés aconselhavam os grandes movimentos coletivos.

Iam os guaranis e as outras etnias em busca de *Yvy Marãe Y*, a Terra sem mal, onde estariam ao abrigo de todos os cataclismos. Não ocorrem tragédias coletivas no Paraguai de hoje. Felizmente.

O mal resta na mente de quem, baseado nas tradições, preserva práticas contrárias à natureza humana. As conseqüências se encontram por todas as partes. Não há pajé que resolva.

27 de abril de 2009

Capítulo 54

Um, dois ou três

Já em 1891, os constituintes alertaram para o risco da implantação da reeleição no cenário nacional. Anos de poder podem levar ao mandonismo e à formação de grupos incrustados.

Entre todas as pessoas, há um sentimento predominante. Poucas são as exceções. Nada relevantes. Mesmo estas preservam convicção dominante, apesar das aparências em contrário.

A imensa maioria acredita – tem convicção absoluta: o presidente Lula não será candidato à reeleição. Ou seja, não buscará o terceiro mandato. Ao término do presente, retirar-se-á do Palácio do Planalto.

Pode ser. Nas entrelinhas, porém, o bom leitor encontrará traços de uma permanência de Lula na presidência da República. Claro que, na hipótese de uma alteração da Constituição.

Essa mudança na Carta maior é viável. Existe proposta de emenda na Câmara Federal. Seria necessário criar um sentimento de oportunidade do terceiro mandato junto à opinião pública.

É processo difícil, mas para bom marqueteiro nada é impossível. É dar a idéia e ir buscar os resultados. Tantos são os casos de sucesso que duvidar não é bom.

O tema – terceiro mandato – surge aqui e ali nas entrelinhas dos jornais. O presidente do Senado, José Sarney, concede entrevista à revista *Isto É*. Aponta o resultado do descrédito do Congresso.

O descrédito conduzirá à adoção da democracia direta, aquele em que a cidadania resolve os assuntos de seu interesse sem intermediários, os deputados e os senadores.

Ora, por meio de um plebiscito, previsto na democracia direta, a sociedade pode ser consultada sobre a concessão de um terceiro mandato ao presidente Lula. O resultado é de fácil previsão.

O primeiro elemento, portanto, foi considerado pelo presidente do Senado. Não é só, todavia. Argüido a respeito da candidatura da ministra Dilma Roussef, mostrou dúvidas, o próprio Lula mostrou dúvidas.

Dilma é sua candidata, mas terá que ser aprovada pelas convenções de seu partido, o PT, e das demais agremiações integrantes da chamada base aliada. Um traço de dúvida. Convenção partidária é caixa de surpresas.

A todos esses elementos de natureza política acresce-se mais um: a enfermidade que acometeu à ministra Dilma. Todas as pessoas fazem uma corrente de esperança em sua plena recuperação.

Com sua coragem ao informar sobre o mal que a acometeu, Dilma cresceu em sua trajetória pública. Tornou-se conhecida e respeitada pela transparência que deu à doença.

É muito. Mas os caminhos da vida são tortuosos. Muitas vezes, insidiosos. Quase sempre imprevisíveis. Essas variáveis podem desembocar em um desejo de manutenção do aparentemente certo.

Aí se estará na presença de Lula. Acresça-se a tudo isso o desejo dos quadros petistas em se manterem no Poder. Já se imaginou a desocupação de todos os cargos de confiança hoje detidos pelo PT?

Seria o maior êxodo de nossa História. Brasília se tornaria uma cidade fantasma. Vazia. O seu movimento cairia assustadoramente. Aqui, mais um ponto para ponderação.

Os petistas estão prontos a correr os riscos inerentes a todas as eleições, onde existem vencedores e vencidos. Não podem se imaginar vencidos, após muitos anos no exercício do Poder. Seria intolerável.

A soma de todos esses elementos pode, em determinado momento, conduzir a uma grande cruzada pela a reeleição de Lula. A ocorrência de terceiro mandato tem se mostrado corriqueira na América Setentrional.

Os partidos hoje de oposição afiguram-se despreocupados. Esperam o pleito com um sorriso. Já erguem a faixa presidencial. Não contam com os riscos do processo político, sempre mutável.

Acreditam os partidos de oposição na permanência das regras, ora existentes. Na segurança do Direito, portanto. Esquecem, contudo, que, quando no governo, inseriram na Constituição a possibilidade de reeleição.

Romperam – os partidos de oposição – uma tradição republicana consolidada. Os constituintes de 1891 alertaram para o risco da implantação do instituto da reeleição no cenário nacional.

Lembraram os constituintes republicanos os costumes políticos existentes nas múltiplas regiões do país. As práticas locais levam ao mandonismo e a formação de grupos incrustados nos poderes.

No processo atual, resta ao cidadão acompanhar o desenvolvimento dos fatos e exigir compostura de seus representantes. Eles devem responder pela preservação dos valores republicanos tradicionais.

4 de maio de 2009

Capítulo 55

Perigosa insanidade

A proposta de voto em lista é uma anormalidade inconcebível para o sistema eleitoral brasileiro. Lamenta-se que a avidez de alguns traga ao debate tema superado, de há muito, na própria trajetória política pátria. O Brasil Império e a República Velha fragilizaram-se pelo voto de lista.

As sociedades aprendem com sua própria história. Rever acontecimentos e captar as conseqüências de episódios é tarefa obrigatória de todos os povos. Tolice perder as lições do passado. Trata-se de perdularismo inaceitável.

Os parlamentares – senadores e deputados federais – demonstram, quando falam em reforma política, tendência perdulária. Dilapidam a rica tradição eleitoral dos brasileiros. Não dão importância ao passado.

Desde 1532, quando da instalação do primeiro município, vota-se no Brasil. Sem solução de continuidade. Exceção: somente o período Estado Novo, quando todas as formas de consulta mereceram supressão.

Essa rica experiência eleitoral, hoje esquecida, aponta para as várias formas de recolhimento da vontade popular, por meio do voto pessoal, expressão da vontade individual da cidadania.

No primeiro reinado, as eleições primárias estiveram presentes em nosso panorama político. O colégio eleitoral tinha amplidão. Votavam inclusive os analfabetos.

Esse diversificado colégio elegia os delegados e esses, os representantes junto aos parlamentos. Uma eleição em dois turnos. Permitia, pelos parâmetros da época, a busca de ampla legitimidade popular.

Tanto espaço popular preocupou os políticos da época. Adotou-se, com todas as fraudes imagináveis, o voto direto. Para que o controle sobre a vontade popular fosse pleno, implantou-se o voto de lista fechada.

Correram os anos. Em razão do famigerado voto de lista fechado, desapareceu a oposição parlamentar. O eleitor sufragava um partido e, com seu voto, conduzia os componentes da lista partidária ao parlamento.

Dois rebanhos eleitorais: um composto pelo eleitorado obrigado a votar, sem qualquer espaço de liberdade, em candidatos impostos, ordenadamente, por uma legenda partidária.

O outro rebanho formado pelos candidatos. No primeiro lugar da lista, a vaca madrinha – o dono do partido – seguida pelos seus apaniguados. Todos escolhidos pela cúpula partidária.

Um sistema fechado onde o arejamento é impossível. Tal foi a extensão do desastre que, no segundo reinado, as listas não eram completadas. Deixavam-se vagas – três – para serem disputadas pela oposição.

Só em 1930, quando a República Velha ruía, o sistema foi abandonado, graças à clarividência de Assis Brasil. Após uma intensa luta política e um qualificado debate intelectual implantou-se o voto proporcional.

Esse, como é conhecido de todos os eleitores, permite à cidadania a escolha de um partido, mediante o voto na legenda, ou de um partido e de um candidato específico, quando se vota em determinado postulante a deputação.

Nessa última hipótese, há opção por um partido e, no interior da lista oferecida por esse, de um candidato escolhido pelo próprio eleitor. Um mínimo de liberdade no exercício do dever de votar.

O sistema conta com grande longevidade. Foi testado em momentos difíceis da História pátria. Nasceu de revolução que mudou maneiras de fazer política. Buscou a higienização de práticas eleitorais corrompidas.

Agora, parlamentares carentes de referências doutrinárias procuram importar o voto de lista, aplicados nos dois países da Península Ibérica: Espanha e Portugal.

Na Espanha, o modelo esgotou-se. Existe um grande movimento na busca da extinção do voto de lista, aquele que perpetua sempre os mesmos representantes nas cadeiras parlamentares.

Apesar do passado nacional sobre o voto de lista – que não o recomenda – e a procura de novos modelos pelas sociedades que o adotam, em Brasília, alguns desinformados desejam sua implantação.

Querem, na verdade, afastar-se das lutas populares e preservar seus cargos graças ao domínio das máquinas partidárias, onde representam as oligarquias dominantes.

A sociedade, por meio de suas representações espontâneas, deve se colocar contra essa deturpação do sistema eleitoral brasileiro, testado e comprovado de boa qualidade em sucessivos pleitos.

Lamenta-se que a avidez de alguns traga ao debate tema superado, de há muito, na própria trajetória política pátria. O Brasil Império e a República Velha fragilizaram-se pelo voto de lista.

É fundada tolice tomar veneno já conhecido. Uma anormalidade inconcebível, mas presente no Parlamento nacional. Cabe a todos alerta para a insanidade.

11 de maio de 2009

Capítulo 56

Gol de placa

As relações sociais se deturpam. A agressividade invadiu o contexto social. Da universidade à várzea, proliferam as formas incivilizadas de agir.

Vai mal. Muitos já perceberam a decadência de nosso grau de civilidade. Falam. Pregam no deserto. Ninguém quer escutar. É bom viver o dia que passa. O futuro a Deus pertence. É o pensamento hegemônico.

Caíram por terra os nossos mais sadios traços de convivência. Ninguém respeita ninguém. Os professores são desconsiderados em salas de aulas. Os pais não se relacionam com seus filhos.

Uma confusão geral. Esta se desdobra em todos os setores da sociedade. Nas relações de trabalho, os conflitos são comuns. No interior das religiões, atos impensáveis. Nada de bom exemplo.

Uma onda de deboche. Uma malícia disseminada em todas as conversas. Avança para a política. Todos se "lixam" de todos. As relações sociais se deturpam. As condutas ferem o sentimento médio acumulado por séculos.

A que se deve tão ampla onda de rompimento da convivência entre as pessoas? As causas podem ser muitas. A urbanização desenfreada que trouxe, para um único local, culturas diversas.

Ou então, os meios de comunicação eletrônica que lançaram uma avalanche de costumes desconhecidos de amplos setores da sociedade. Os hábitos de determinados setores urbanos transferiram-se para todo o país.

Deu no que deu. Ninguém respeita ninguém. Uma entropia invade todos os segmentos da sociedade. Há campanhas publicitárias sobre tudo. Não há campanhas informativas sobre como proceder.

Inexiste preocupação sobre aspectos mínimos da razoável forma de se conduzir por parte das pessoas. Elas não são incentivadas a praticarem formas civis de convívio.

Tudo se tornou uma luta de todos contra todos. A agressividade invadiu o contexto social. Viver em sociedade, apesar do ensinamento em contrário, dos antigos filósofos, tornou-se oneroso.

Daí a fuga para um individualismo perverso. A retirada para o interior das moradias. O não conhecer o vizinho. A ausência da boa troca de idéias. Tudo recuou para o individual.

Quando se busca o convívio, surge, comumente, o desafio do diálogo pobre. Entrecortado por frases desconexas e tratamento desprimoroso. Perdeu-se o traço singular do ser humano: a capacidade de convívio.

Isso acontece em todas as sociedades. Atingiu grau superior por aqui. Deformaram-se nos costumes. O melhor da brasilidade perdeu-se na mediocridade.

Nada foge a essa realidade. Da universidade à várzea, proliferam as formas incivilizadas de agir. As escolas são depredadas pelos alunos. Os templos violados. As cidades agredidas pelo mau uso.

Perderam-se os núcleos básicos de aprendizado da boa educação. As crianças e os jovens estão soltos. Já não contam com os pais para ensinar as regras mínimas de conduta. Estão ao Deus dará.

Esse amargor alcança muitas pessoas, particularmente os que tiveram a felicidade de viver outros tempos. Não se trata de pessimismo ou saudosismo.

É mais. Trata-se de simples constatação de uma realidade envolvente. Ela surgiu com mais vigor nesta semana. O jornal *Folha de São Paulo* sabatinou Ronaldo, o jogador do momento.

Quando um educador fala, ninguém dá importância no atual contexto. É mais um chato a oferecer opiniões desagradáveis. Um pernóstico recheado de doutrinas e preconceitos.

Agora, quem pôs o dedo na ferida foi ele, Ronaldo, a figura mais exposta pelos meios de comunicação nos últimos tempos. Foi duro. Salutar, porém. Ronaldo foi enfático, mais do que enfático, marcou um gol à distância.

Ao ser indagado como e onde educará seu filho, respondeu o jogador do momento: "na Europa". As crianças brasileiras são maliciosas. Possuem palavreado de adolescentes. Proferem palavrões.

E ao ser provocado por grito da platéia, Ronaldo foi além. Afirmou ser seu filho brasileiro, mas que prefere que ele conte com amiguinhos europeus, sem a malandragem dos amiguinhos brasileiros.

Concluiu o fenômeno: "A gente quer sempre o melhor pros filhos, e eu, podendo escolher, prefiro que ele tenha educação européia". Acertou na ferida. Não deixou saídas.

Lamentável. Lição, porém, legítima porque retrata a realidade social, a degenerescência dos costumes. É bom tomar atenção, se ainda houver tempo. Um pouco de boa educação não faz mal a ninguém.

É Ronaldo quem diz. Não um pedagogo qualquer.

18 de maio de 2009

Capítulo 57

A palavra justa

É justo o Estado salvar empresários incompetentes e imprudentes? Lula, com sua costumeira retórica: chamou a esses empresários de trambiqueiros

A atual crise econômica mundial tem seu epicentro bem definido. Apresenta-se nítido, sem a possibilidade de qualquer dúvida. Encontra-se no sistema financeiro internacional e, particularmente, nos bancos americanos.

Os administradores das instituições financeiras dos Estados Unidos esqueceram que a matemática, como ciência exata, não deve ser usada para artifícios contábeis.

Partiram de cálculos matemáticos para conceber falsas garantias. Aplicaram multiplicadores sobre bases mínimas. Geraram falsos valores. Do quase nada, construíram colossais quantias.

Falsos alquimistas medievais. Transformaram pequenos valores em notáveis volumes de moeda. Tudo falso. Tão falso que, em uma década, toda a construção ruiu.

Lá, nos Estados Unidos, administradores foram afastados. Um operador de fundos – que arrecadou enormes importâncias por toda a parte – foi preso. É pouco, mas a opinião pública pode recolher sinais de moralização.

Aqui, como lá, o Estado correu em socorro dos aventureiros. Somas imensas despendidas pelos organismos oficiais de crédito. Os sacrificados pela própria ganância mereceram pronto atendimento governamental.

A sociedade acompanhou perplexa a ocorrência. As desculpas de sempre jogadas no rosto da cidadania. Era preciso salvar a economia como um todo. Conservar a confiança nos mercados.

Não se critica a ação governamental. Precisa e exata. Operação necessária que não permitia demora. Salvaram-se núcleos empresariais. Preservaram-se – em parte – empregos.

Ficou, no entanto, na consciência de cada cidadão um traço de interrogação e um princípio de dúvida. É justo o Estado salvar empresários incompetentes e imprudentes?

A resposta surge de imediato: não. Essa forma tradicional em nossa História, correspondente à socialização dos prejuízos, é perversa. Fere a moral média da cidadania.

As pessoas que trabalham diuturnamente em troca de salários de sobrevivência sofrem abalo moral ao constatarem que grandes quantias de moeda são utilizadas para socorrer presunçosos irresponsáveis.

Personalidades que surgem nas páginas dos jornais dando lições aos governantes, agindo como modernos Catões, de repente exibem sua verdadeira face. Astuciosamente, só pensavam em si próprias.

A sociedade, como coletivo, ou as pessoas individualmente pouco importam. Vale o egoísmo pessoal de alguns empresários e de seus grupos íntimos. Depois, basta promover uma ação social. Aplacar o sentimento de culpa, se esse houver.

O presidente Lula, com sua costumeira retórica, em viagem a Turquia, recebendo influxos europeus e asiáticos, sintetizou o assunto com exemplar clareza.

Chamou a esses empresários de trambiqueiros. Exatamente isso, autores de trambiques. Trambicaram o quanto puderam. Praticaram negócios fraudulentos. Burlaram e causaram prejuízos. Agiram enganosamente.

Trambique para que fique bem claro é o mesmo que trapaça. Foi exatamente esse o agir dos operadores de derivativos. Atingiram área própria dos estelionatários. Ofereceram o que não possuíam.

O lamentável é que, passado o pior da tempestade, todos esqueceram o acontecido. O presidente da República aponta as operações como trambiques.

Não se viu, no entanto, o acionamento dos aparelhos de combate à má vida. Tudo continua como antes. As colunas sociais espelhando os mesmos rostos. As primeiras páginas dos matutinos retratando os mesmos sorridentes empresários.

Os que ontem transformavam milhares em milhões – como diria o Padre Vieira – hoje se lixam para todos os que perderam, por vontade própria ou indiretamente, como contribuintes anônimos.

Esses últimos, os contribuintes, muitas vezes desempregados, sentem revolta interior. Por que a autoridade sempre age em favor de alguns em detrimento de muitos?

No caso brasileiro, é o velho e sempre presente patrimonialismo. O Estado provedor da insensatez de uns poucos que se apresentam como empresários, sem respeitar a ética do capitalismo.

25 de maio de 2009

Capítulo 58

Constituinte autônoma

Chegou-se a uma Constituição com alma e cara de Brasil, mas necessita-se ainda de reformas tributária e política.

Durante um largo período, os constitucionalistas tiveram pouco espaço no debate cultural. Encontravam-se marginalizados pelos governos do regime autoritário do pós-1964.

Nas escolas de Direito, os alunos faziam ironias sobre a matéria. Chamavam-na de ficção jurídica. Tinham razão. Os atos institucionais editados pelo regime tomavam todos os espaços.

As Constituições de 1967/1969 traziam em seus artigos finais a preservação dos atos institucionais e resguardavam os efeitos produzidos por suas aplicações.

Em conseqüência, o rol de direitos da pessoa não passava de uma hipocrisia própria dos regimes autoritários, que temem sempre a exibir sua própria face. Exibem a melhor máscara. Escondem a verdadeira feição.

Com a redemocratização, todos se tornaram constitucionalistas. Empresários bens sucedidos compuseram grupo de notáveis. Sindicalistas apresentavam sugestões. Todos, enfim, ofereciam opiniões.

Foi bom. É melhor demonstrar interesse por temas constitucionais do que agir como atuantes vivandeiras, tal como aconteceu durante todo o regime militar. A sociedade se redimiu com o renascimento da democracia.

Quando a abertura política rompeu com todo o esplendor, o Congresso Nacional foi transformado em Assembléia Constituinte. Nada bom, mas era o possível na oportunidade.

Uma legitima e originária Assembléia Nacional Constituinte, naquela oportunidade, gerava temores nos quartéis e – apesar de muitos não confessarem – em largos setores da sociedade civil.

Venceram-se aos poucos os preconceitos. Os trabalhos constituintes de 1987/1988 se desenvolveram entre trancos e barrancos. Conceberam, contudo, uma Constituição com alma e cara de Brasil.

Os direitos das pessoas, sempre esquecidos em nossa História, foram arrolados em dezenas de incisos e parágrafos do artigo 5º do documento constitucional. Uma verdadeira declaração de alforria.

Há críticas à amplitude do dispositivo. Registra matérias que melhor estariam em uma legislação infraconstitucional. É verdade. No entanto, em matéria de direitos das pessoas os excessos são salutares.

Tornou-se popular a Constituição de 1988. Atingiu todos os setores da sociedade. Os segmentos populares a conhecem e a utilizam em determinados momentos. Tornou-se instrumento de afirmação.

O documento constitucional em vigor, todavia, pela forma que foi elaborado, apresenta situações complexas em temas fundamentais para o desenvolvimento econômico e social da sociedade.

Um de seus capítulos mais complexos é aquele que trata do Sistema Tributário Nacional. Não avançou. Regrediu, na verdade. Criou obstáculos e tornou a tributação um emaranhado capaz de enlouquecer o mais equilibrado dos cidadãos.

Propiciou, ainda, uma luta fiscal entre os Estados federados. Essa inaceitável ao bom desempenho das finanças públicas e às atividades empresariais.

Fala-se – e muito – em Reforma Tributária. Esta, porém, porque fere interesses dos estados federados e da própria União, é sempre pauta de debate, jamais de solução.

A par do tema tributário, outro assunto está sempre presente no noticiário: a Reforma Política. Fala-se muito e o resultado é a retirada de pauta. Todos sabem onde estão os vícios. Ninguém deseja superá-los.

É normal. Essa reforma, a política, não pode ser realizada pelos políticos. Os seus interesses imediatos, em qualquer alteração, serão postergados. E ninguém opera contra si próprio. Só os abnegados, esses são poucos.

Ora, a partir dessas colocações, é oportuno posicionar sob holofotes a idéia que surge timidamente nas páginas dos jornais. A possibilidade de uma Constituinte exclusiva que propiciasse uma reforma constitucional.

Exatamente isso. O Congresso Nacional continuaria exercendo suas atividades normais e uma Assembléia, eleita com objetivo expresso, procederia à atualização da Constituição de 1988.

Parece desproporcional. É útil, porém, sua inserção no cenário político. Não se pode continuar a conviver com mecanismos inibidores do desenvolvimento. Devem-se proteger os pontos essenciais da Constituição.

Só terceiros desinteressados, eleitos com o fim único e específico de modernizar a Constituição – escolhidos pelo povo em eleições diretas e populares – podem realizar essa tarefa.

Os atuais parlamentares já demonstraram que não têm vontade política para a concretização desta tarefa nobre: tornar a Constituição de 1988 ainda mais próxima da sociedade.

2 de junho de 2009

Capítulo 59

A direita avança

As lembranças da libertação da Europa do jugo nazista servem de alerta para a crise contemporânea.

Há sessenta e cinco anos as tropas aliadas, capitaneadas pelos Estados Unidos, desembarcavam nas praias da Normandia, no litoral francês. O objetivo era preciso.

Lutavam os combatentes pela libertação da Europa, então, submetida ao jugo nazista. Esse desembarque constitui um dos mais notáveis e arrojados episódios da Segunda Guerra mundial.

Durante anos, o continente europeu foi dominado por governos totalitários. A partir do epicentro, localizado na Alemanha, nenhum país ficou livre da presença ou influência do nazismo.

Os franceses – tão orgulhosos de sua Revolução de 1789 – conheceram a vergonhosa República de Vichy, que autorizou o envio de milhares de judeus para os campos de extermínio no leste europeu.

Espanha e Portugal, no mesmo período, sofreram as duras conseqüências de governos ditatoriais. Os adversários dos regimes implantados eram sumariamente liquidados ou obrigados ao exílio.

Na Europa do leste, múltiplas repúblicas transformaram-se em satélites do Reich e seu Führer. Agiram como o país central. Exterminaram os inimigos e perseguiram as minorias.

A memória da grande e dramática batalha de Dunquerque, nesse momento da História européia, é oportuna e relevante. Permite recordar os milhares de soldados mortos, heróis anônimos.

Mais ainda. Registra a importância das lutas pela democracia e pela liberdade. Esses dois bens insubstituíveis para a vida coletiva. Sem liberdade e democracia as pessoas tornam-se meros objetos.

Dizem alguns historiadores que a guerra européia foi gerada pela luta contra o comunismo e esta originou a "guerra civil" entre Alemanha e União Soviética.

É um ponto de vista. Na verdade, naquela oportunidade, Estados Unidos – baluarte das liberdades – uniu-se à União das Repúblicas Socialistas Soviéticas em defesa da dignidade humana.

Ocorria o aniquilamento de pessoas e idéias graças à ação de uma direita feroz representada pelo nazismo. O Estado dominava todos os movimentos das pessoas e procurava domínio sobre o próprio pensamento.

A humanidade conheceu muitos regimes e governos déspotas, mas, seguramente, nenhum mais bárbaro e de fria racionalidade como o nazismo. Toda a maldade humana se concentrou naquele regime e governo.

Os campos de concentração e os de extermínio constituíram a mais diabólica linha de produção de sofrimento e morte, jamais engendrados pela humanidade.

Tudo minuciosamente elaborado. A busca do extermínio do outro – apenas por não ser da mesma linhagem – tornou-se rotina. Poucos se revoltaram. As coletividades submetidas ao nazismo, na verdade, colaboraram.

Por que recordar esses episódios? Primeiro, para que nunca mais venham a acontecer. É desejo de toda pessoa com o mínimo de sensibilidade e de sentimento de humanidade.

No entanto, a busca das lembranças da libertação da Europa do jugo nazista, nesse instante, tem outra conotação. Dramática. Há, por todo o continente europeu, um crescimento da xenofobia.

O ódio ao estrangeiro vai se alastrando no pensamento do europeu médio. Todos os malefícios da crise financeira têm um único agente gerador: o imigrante, esse estrangeiro inoportuno.

Até há pouco, os imigrantes, especialmente de baixa renda, eram bem-vindos. Agora, tornaram-se figuras indesejáveis a serem expulsas. Bandos armados, por vezes, procuram eliminá-las de maneira violenta.

Alguns governos avalizam essas práticas. É lamentável. Uma direita feroz invade a Europa. É momento da América – especialmente a América Meridional – fazer ouvir sua voz.

Esse avanço, de uma corrente da direita irresponsável, rompe anos de práticas democráticas e convívio entre os povos. Não se pode permitir um retorno ao passado.

O passado causou milhares de mortes – como as ocorridas em Dunquerque e em todas as sucessivas batalhas. É tempo de evitar o pior. O retrocesso está a caminho.

Os governos verdadeiramente democráticos deviam esquecer os interesses econômicos e agir em defesa do convívio entre todos os povos e a preservação das pessoas, independentemente de sua origem ou religião.

8 de junho de 2009

Capítulo 60

Cosa nostra

O Senado tornou-se propriedade privativa de uns poucos. A cidadania – lançada a desterro cívico – espera do Ministério Público Federal um ato de afirmação. Tudo não pode passar impune. A democracia exige respeito à lei e ao diploma maior.

O Senado da República sempre mereceu consideração da sociedade. Apresentava-se como a casa parlamentar da moderação e da sobriedade. Seus integrantes espelhavam compostura.

Essa é a imagem do Senado para os observadores de muitos anos atrás. Via-se, na Câmara Alta, um grupo de políticos experimentados e capazes de intervir em horas de crises.

Verdadeiras figuras de Plutarco, aquele que descreve os grandes homens da Antiguidade Clássica. Tudo isso foi ontem. Agora, o Senado da República dá péssimo exemplo de desrespeito à Constituição.

Muitos dos ocupantes de cadeiras no Senado foram, em passado recente, constituintes e colaboraram na elaboração da Constituição de 1988, o documento da cidadania.

Tudo em vão. Uma amnésia profunda tomou conta da mente e da consciência de muitos senadores, particularmente daqueles que, desde 2001, participam da Mesa Diretora dos trabalhos.

A direção e a administração do Senado competem a sua Mesa Diretora. A condução da Alta Casa, portanto, opera por órgão coletivo. Quando ocorre um erro, esse não pode ser atribuído a um senador, mas ao coletivo dirigente.

Essa Mesa Diretora, no entanto, de há muito, fere a Constituição sem qualquer pudor. A Casa tornou-se um clube fechado, exclusivo. Os seus membros fazem o que querem.

São oitenta e um parlamentares, representantes dos estados federados, que não se importam com as conseqüências de seus atos e muito menos com as regras contidas na Constituição.

Entre as normas constitucionais, apresenta-se uma que não permite dúvidas. Trata da Administração Pública. Deve ser cumprida pelos três Poderes. Não há exceções.

Esse dispositivo constitucional é preciso: a administração pública obedecerá aos princípios da legalidade, impessoalidade, moralidade, publicidade e eficiência.

Ao nomearem parentes, amigos e afins, por meio de atos secretos, o Senado agrediu diretamente a Constituição. Agiu, por sua vez, contra a legalidade, ao permitir nomeações sem concurso.

Não mostrou impessoalidade ao escolher parentes e amigos. Rompeu com a moralidade ao agir contra preceitos comuns de bem viver. Feriu a transparência ao não publicar os atos de nomeação. Tem demonstrado ineficiência.

Não é pouco. Apesar disso, alguns senadores posam como grandes personalidades. Acham-se privilegiadas. Não aceitam críticas. O Senado tornou-se propriedade privativa de uns poucos.

A opinião pública não importa. A Constituição existe para os outros. Os bons princípios integram mero catálogo para ingênuos. Esses senadores oferecem um triste espetáculo para a cidadania. Rasgaram o documento que juraram observar.

Aquela, atônita, assiste a mais um disparate elaborado e praticado por políticos. No entanto, não há reações na Casa maior do parlamento brasileiro. Parece não ter ocorrido absolutamente nada.

O cinismo torna-se revoltante. Nenhuma palavra de censura. Nenhum gesto de desacordo. Todos estão de acordo com o sucedido. É assim porque eles querem. Assim será.

A cidadania – lançada a desterro cívico – espera do Ministério Público Federal um ato de afirmação. Tudo não pode passar impune. A democracia exige respeito à lei e ao diploma maior.

Passaram-se dias. Os movimentos mostram-se lentos. Deseja-se das autoridades de fiscalização pronto agir. Não dá mais para esperar. Alguém deve responder pelas atitudes inconstitucionais e imorais.

Há um cansaço no ar. Uma fadiga cívica. Os senadores praticaram e conheciam os atos secretos. Os integrantes da mesa dirigente do Senado por provocação ou por homologarem são co-autores.

Não pode passar em branco. A preservação de segredos grupais é própria da criminalidade organizada. O Senado não pode baixar a nível tão execrável. Providências devem ser adotadas.

Os membros isentos da Casa devem agir. O Ministério Público Federal atuar. A cidadania registrar os nomes dos agentes da violência contra os costumes e a Constituição. As eleições estão próximas. Falta apenas um ano.

15 de junho de 2009

Capítulo 61

Conhecer para fiscalizar

Não há lugar para segredos na administração do Estado, ou volta-se ao absolutismo. A internet, instrumento ágil e contemporâneo, deve se tornar veículo da plena transparência.

Entre os movimentos de maior repercussão na História, encontra-se a chamada Revolução Francesa. A sua expressão coloca-se com muita nitidez no desenvolvimento futuro da democracia.

Queriam os revolucionários de 1789 o rompimento dos antigos costumes advindos das práticas próprias das monarquias absolutistas, então comuns por toda a Europa.

O clero e as famílias tradicionais dominavam todo o panorama político e, consequentemente, administrativo dos países europeus até o rompimento da Revolução.

Os troncos familiares tradicionais comandavam os assuntos de Estado como se tratassem da propriedade particular. O público e o privado se confundiam em uma única entidade.

Os interesses da nobreza imperavam. Em uma situação como esta, o segredo apresentava-se como uma realidade objetiva. Tudo era secreto. Ao povo, uma única opção: trabalhar em silêncio.

Em nosso continente, a Revolução Americana ou a Guerra de Independência dos Estados Unidos foi exitosa no seu objetivo de construir uma sociedade aberta.

Ou seja, uma sociedade onde nada permaneceria oculto. Tudo seria transparente. Os palácios governamentais deviam oferecer a imagem de palácios de cristal.

Tudo claro. Transparente. Nada nos desvãos dos interesses subalternos. Todos os assuntos de Estado abertos aos olhos do público, prontos a serem analisados e eventualmente criticados.

No Brasil, foi diferente. As oligarquias – conjunto de pessoas que dominam o aparelho do Estado – consolidaram-se no passar dos séculos.

O patrimonialismo português instalou-se nessas terras desde a chegada do colonizador e, com o passar do tempo, ampliou-se. Tornou-se uma enfermidade da nossa sociedade.

O patrimônio público é tomado por particulares. Esses o transformam em instrumento para a busca de interesses meramente particulares.

Às famílias e a seus membros, tudo. À sociedade nada. Esta deve se limitar ao trabalho. À produção do bem estar de uns poucos. Não importa a miséria circundante.

Essa péssima tradição luso-brasileira, com expansão por todo o espaço ibérico, persiste em toda a América Latina. A permanência do segredo nos negócios de Estado é uma constante.

A máquina pública permanece apenas para a busca de benesses para os clãs e seus apaniguados. Nomeiam-se parentes e apadrinhados políticos à vontade.

Nada de concursos públicos. Muito menos de transparência. Tudo no melhor segredo, de acordo com os usos dos tempos do absolutismo.

Quando esse ciclo se rompe, graças ao destemor de algum administrador público, surge o clamor e os mais esdrúxulos argumentos em defesa da manutenção da política do segredo.

A nossa sociedade – em acelerada evolução para uma democracia plena – ainda sofre de quedas episódicas. Abrir os desvãos dos negócios públicos à sociedade, gera falsos temores.

No entanto, impõe-se compreender que tudo que é público deve ser escancarado ao exame de todos os cidadãos. Todas as verbas, despendidas em qualquer setor público, devem se tornar públicas.

Não há lugar para segredos na administração do Estado. A internet, instrumento ágil e contemporâneo, deve se tornar veículo da plena transparência.

Os vencimentos dos servidores públicos, como são servidores dos contribuintes, precisam ser públicos. Aos contribuintes, por sua vez, cabe aquilatar se os vencimentos são compatíveis com o nível de vida do servidor.

Chega de segredos que levam o dinheiro público ao bolso do particular. Não há privacidade possível em nada que se origine do Estado. Conhecer permite fiscalizar.

22 de junho de 2009

Capítulo 62

A lei como objetivo

A Revolução de 1932 buscou a normalidade democrática. Hoje, quando São Paulo se tornou uma sociedade aberta, sem preconceitos, onde os "nomes de família" já não importam, restou dos idos de 1932, aquele ideal por uma Constituição.

Os povos necessitam de datas significativas. Elas permitem rememorar acontecimentos históricos. Sacrifícios coletivos e individuais. A mudança de situações consolidadas. E rever acertos e erros.

Todas as sociedades procuram incentivar esses retornos ao passado, mediante as mais variadas formas de comemoração. Às vezes, estas comemorações parecem ingênuas. Desnecessárias.

É forma superficial de captar a realidade. Rememorar momentos pretéritos permite compreender a atualidade. Muitas vezes, antever futuros acontecimentos. Diagnosticar causas e conseqüências.

Esta semana, em São Paulo, várias atividades se desenrolarão. O objetivo é nítido e preciso. Relembrar a Revolução Constitucionalista de 1932, a Guerra dos Paulistas.

Em muitas partes do Brasil, esse episódio da História nacional é pouco conhecido. Muitas vezes – o que é pior – distorcido. No entanto, a Revolução Constitucionalista de 1932 possui relevância expressiva.

Em 1930, eclodiu o Movimento Tenentista e instalou-se, no País, um Governo Revolucionário. Esse, na busca do saneamento dos costumes políticos, suspendeu todas as garantias constitucionais.

Resolveu, por seu líder, Getúlio Vargas, governar mediante a expedição de decretos-leis. Congresso fechado. Uma reforma eleitoral e futura constituinte encontrava-se entre os objetivos dos revolucionários.

A Reforma Eleitoral ocorreu. Introduziu o voto proporcional, presente até hoje no sistema eleitoral pátrio. Foi além. Afastou a prática da "degola" imposta pela República Velha.

A degola consistia em ato perverso. Os escolhidos em pleitos eleitorais tinham seus nomes submetidos ao Congresso Nacional pré-existente. Os adversários do governo eram degolados. Ou seja, não tinham seus mandatos reconhecidos.

A sociedade reagia contra essa forma de dominação política. Queria a extensão do voto às mulheres. Desejava a implantação do voto universal e secreto. Queria mais. Desejava uma nova Constituição.

A convocação de uma Assembléia Nacional Constituinte, entretanto, não se colocava como objetivo imediato do movimento dos tenentes. Adiavam a confecção de uma Constituição. Postergavam a realização de eleições.

O ambiente político tornou-se tenso. No Rio de Janeiro, jornal era empastelado. A ditadura tenentista perpetuava-se. O Governo Provisório demonstrava clara intenção de preservar o regime de exceção.

Essa situação – combinada com a crise econômica gerada em 1929 – levou personalidades paulistas a declarar Revolução contra o governo central. Um ato de rebeldia repleto de civismo e romantismo.

São Paulo não contava com poderio bélico para enfrentar as forças federais. Ocorreu o inevitável. Após inúmeras batalhas, especialmente ao norte do Estado, os paulistas foram vencidos.

Não obtiveram de pronto, a almejada Constituição. Foram amplamente derrotados no confronto bélico. Restou viva a chama constitucionalista. Bateram-se por uma Constituição. Morreram pela legalidade.

Muitas são as interpretações possíveis dos acontecimentos de 1932. A primeira e mais nobre, coloca-se no campo do civismo. A busca da normalidade democrática.

Uma segunda colocação se dá no campo econômico. Os velhos produtores de café levados a estado de penúria, em razão da crise econômica mundial, encontravam-se inconformados. Restaram insolventes.

A par desse cenário, surgiam as grandes concentrações urbanas, produtos, particularmente, da imigração estrangeira. A cidade de São Paulo tornara-se industrial. Os operários – imigrantes ou seus filhos – reivindicantes.

A Revolução de 1932, portanto, pode e deve ser analisada sob muitos ângulos. Um, particularmente sensível aos brasileiros de São Paulo, é a constante preocupação dos paulistas com a legalidade.

Em São Paulo, a segurança do Direito insere-se entre os anseios da sociedade. Todos – mesmo que de maneira não expressa – sabem que só estruturas legais permitem a boa convivência social.

Hoje, quando São Paulo tornou-se uma sociedade aberta, sem preconceitos, onde os "nomes de família" já não importam, restou dos idos de 1932, aquele ideal por uma Constituição.

É esse mesmo ideal que é recordado nesta semana – especificamente no dia 9 de julho – por todos que convivem em solo paulista: preservar a lei como ditame superior para o progresso social.

6 de julho de 2009

Capítulo 63

No recesso, aguarda-se o Ministério Público

O Ministério Público tornou-se um organismo apto a combater a imoralidade em todos os seus aspectos, com a relevante incumbência de defender o regime democrático. Tarefa nobre e essencial à preservação do Estado de Direito.

Graças a Deus, o recesso chegou. Os últimos tempos foram devastadores. As casas do Congresso passaram por situações inacreditáveis. O Senado Federal superou-se. Foi além da imaginação do mais criativo autor de novelas de horror.

Rompeu limites constitucionais. Esqueceu-se do sadio princípio da publicidade. Preceito fixado com rigor na Constituição da República. Avançou nos descaminhos do segredo. Criou os atos secretos. Excrescência inaceitável em uma democracia.

A democracia possui alguns postulados. Dentre eles, aflora a obrigação de transparência em todos os assuntos públicos. Nada pode ser secreto. Tudo deve correr às claras. A cidadania – como empregadora – tudo deve conhecer.

Nada pode ser mantido obscuramente. Só os maliciosos admitem assuntos públicos reservados. O Senado, nesse passo, foi além do permitido. Feriu a legislação e mostrou-se agente da improbidade.

A opinião pública acompanhou perplexa todos os acontecimentos. Diretores transformados em chefes de grupelhos. Senadores acobertando o inconcebível. Nomeações a mão cheia. O nepotismo em todos os graus.

Todo esse cenário entristeceu os cidadãos honrados. Aqueles que labutam de sol a sol para sustentar suas famílias. Os que jamais conseguiram viagens graças aos cofres públicos.

Esses – aparvalhados – sentiram-se frágeis e muitas vezes lamentaram o voto que concederam em eleições passadas. Desacreditaram na própria democracia. Sentiram impulsos antidemocráticos.

Um erro. A democracia – o melhor dos regimes – é que permitiu o conhecimento das falcatruas cometidas pelos congressistas. Em regimes autoritários ou totalitários, o pior se verifica e os aparelhos de censura a tudo escondem.

Essa a primeira reflexão exigida pela atualidade política. Deve-se comemorar a presença de meios de comunicação livres. Esses permitiram o pleno conhecimento dos atos e fatos desenhados nos escaninhos congressuais.

Pior seria a ausência da plenitude de informação. As aparências seriam confortáveis, mas a realidade escamoteada conduziria à fragilização de todos os mecanismos governamentais.

O Brasil já conheceu ditaduras – e muitas – quando do retorno à luz, as instituições encontravam-se em farrapos. A moralidade pública lançada à sarjeta. Recompor a normalidade foi longa trajetória.

Ainda mais. Apesar de toda parafernália de golpes baixos proferidos pelos congressistas, em nenhum momento correu a idéia de rompimento do funcionamento normal das instituições.

Essa é a grande conquista. Em épocas passadas, sempre surgia ave de mau agouro a pregar golpes de Estado. O rompimento da legalidade. Poucos lutavam pela preservação das instituições e da própria democracia.

Esse recesso permite observar nova forma de encarar os desatinos. As próprias instituições com seus mecanismos recomporão a moralidade e atingirão os objetivos para que foram criadas.

Esse é o grande ganho desses últimos vinte anos. A Constituição de 1988 permitiu uma nova visão dos mecanismos de Poder. Já não se apela para a falácia do "fechamento" das casas parlamentares.

Todos desejam a qualificação dos costumes políticos e sabem que isso só pode ocorrer mediante a manutenção dos valores democráticos. Por isso, espera-se o decidido ingresso do Ministério Público Federal na busca dos ilícitos cometidos.

Com a ampliação de suas atribuições, o Ministério Público tornou-se um organismo apto a combater a imoralidade em todos os seus aspectos. Não pode a instituição se omitir em momento de presença indispensável.

Os organismos internos dos parlamentos sofrem da inevitável presença do corporativismo. A convivência diuturna torna os parlamentares reféns das emanações das amizades espontâneas.

Daí a necessidade de um órgão externo repor a normalidade, onde só se conhecem descalabros. Silenciar nesse instante é agir contrariamente à democracia. Frustrar o constituinte de 1988.

Esse conferiu ao Ministério Público a incumbência de defender o regime democrático. Esse, pois, não pode abdicar dessa relevante incumbência. Ela é nobre e essencial à preservação do Estado de Direito.

No decorrer do recesso parlamentar, aguarda a cidadania um agir efetivo dos agentes do Ministério Público para repor o Senado Federal em sua alta posição na estrutura do Estado.

O Senado, em sua longa História, sempre se mostrou vocacionado a agir como uma Casa de moderação. Não pode sua imagem ser violada por representantes sem qualquer respeito à causa pública.

Dentro da lei, a sociedade exige resposta. Certamente, um ente externo poderá atuar com mais liberdade e desenvoltura. Aguarda-se um posicionamento efetivo dessa instituição, que, a partir de 1988, teve suas atribuições ampliadas. Para o bem de todos.

20 de julho de 2009

Capítulo 64

Um capitalismo melhor

O Capitalismo domina todos os espaços, sem qualquer limite. As oligarquias agiram sempre em benefício de seus integrantes. É chegada a hora do interesse da coletividade se tornar mais importante.

Ele venceu. Não há o que discutir. Por toda a parte se implantou. Nas mais remotas regiões. Nos lugares mais impensáveis. Lá está ele em agir frenético. Não se trata de um cantor ou de um esportista invulgar.

O vitorioso é o capitalismo. Voraz, ele domina todos os espaços, sem qualquer limite. Capaz das mais incríveis conquistas. Isso levou os seus operadores a perder qualquer sentido de razoabilidade.

Imaginam poder tudo. Nenhuma preocupação com os antagonismos sociais. Nenhum pudor em agir em um só sentido: a busca do lucro. Não importa os instrumentos, os métodos e as conseqüências.

Desmatam-se as regiões verdes. As reservas florestais são destruídas. Derrubam-se florestas nativas para plantar espécies alienígenas de fácil aproveitamento e reposição.

Bens tombados, como patrimônio histórico ou artístico, são deformados. A ganância cega nada vê. Apenas importam os lucros e os vencimentos dos "ceos". O resto que se dane.

São poucos os momentos de equilíbrio e bom senso. Impera a barbárie. O noticiário jornalístico diariamente aponta para operações da Polícia

Federal recolhendo provas de branqueamento de dinheiro. O sujo tomando aparência de licitude.

Essa realidade exige cuidado das autoridades. O Estado não pode se manter passivo. Sob pena de agredir a sociedade. Violar os interesses individuais. Sujeitar o economicamente fraco às deformações dos operadores de mercados.

Já se apresentaram autores de obras jurídicas que compreenderam essa realidade. Alguns chegaram a colocar os bancos centrais dos diversos países no mesmo grau de importância das mais altas cortes de Justiça.

Não exorbitaram. Recolheram uma realidade pouco observada pelos desatentos. Foram, porém, tímidos. As diversas agências reguladoras também possuem alto grau de importância.

Acompanham as operações de mercado e agem. Algumas, todavia, parecem dirigidas pelos fiscalizados. Uma tragédia. Permitem abusos. Desconsideração com os destinatários dos benefícios da fiscalização, a comunidade.

Quando surge uma notícia como a divulgada esta semana, há motivos para esperança. A multa imposta pelo CADE – Conselho Administrativo de Defesa Econômica – à cervejaria AmBev representa uma forte muralha ao uso de práticas abusivas de domínio de mercado.

Quase absoluta, a cervejaria, segundo decisão do colegiado, busca fidelizar os seus distribuidores – bares, restaurantes, mercearias e supermercados –, prática que impede a livre concorrência.

É oportuna a decisão, salvo eventuais excessos quanto ao valor da multa imposta. O capitalismo brasileiro passa a contar com expressão internacional. Coloca-se entre as dez maiores economias.

Não podem seus operadores agir com métodos próprios do capitalismo selvagem. Este insiste em permanecer nas regiões remotas do país, onde o trabalho escravo, ainda, marca presença.

Nas grandes cidades e nos serviços essenciais, cabe redobrada vigilância das agências reguladoras. As agressões são muitas. O descaminho das grandes corporações constantes.

Trilhar novos caminhos é fundamental. Preservar os fundamentos éticos do capitalismo. Ele, conjugado com a democracia, não permite abusos e ações indevidas. A democracia, ao exigir legalidade e publicidade, impede violações a princípios.

Já foi o tempo da dominação do mercado por um ou uns poucos. É tempo da presença de múltiplos agentes e da preservação de todos no mercado. A mega e a pequena empresa.

O mercado não é cenário para a prática de darwinismo social. A permanência de muitos – mesmo que de pequena expressão – permite ao consumidor a livre escolha e não a imposição de uma única marca.

A decisão do CADE, sem análise de fundo, mostra que a entidade se encontra operada por reguladores ativos. Já não se constatam lutas intestinas no órgão. Os seus conselheiros atuam com rigor.

Ganha o capitalismo. Já se foram os tempos das práticas capitalistas primitivas. Hoje, no cenário econômico, convivem os valores do liberalismo econômico, do intervencionismo estatal e aqueles próprios do ativo movimento sindical.

Parece que se está caminhando para uma sociedade mais equilibrada. Necessário, contudo, que as demais agências reguladoras atuem com mais vigor. Não se tornem reféns de grupos políticos ou de empresários irresponsáveis.

As oligarquias agiram sempre em benefício de seus integrantes. Jamais conduziram os organismos oficiais na busca dos interesses coletivos. Estes sempre foram esquecidos. Marginalizados.

É, pois, alvissareira a decisão do CADE. Indica que uma nova era está surgindo. Os interesses empresariais de todos merecem proteção. Não só aos grandes conglomerados é permitido agir. A todos deve ser assegurado espaço.

A par dos escândalos políticos, também acontecem coisas positivas no panorama público. Antes, assim. Ainda existem motivos para esperança.

27 de julho de 2009

Capítulo 65

Liberdade de comunicação e o político

O político não tem privacidade. Todos os integrantes da cidadania têm o dever de vigiar os políticos, seus atos e fragilidades.

Nos últimos tempos, decisões judiciais têm impedido a publicação de notícias a respeito de atos envolvendo personalidades públicas. O fundamento dessas manifestações do Judiciário é a preservação da imagem e da honra.

É tema controvertido. A cidadania merece, em conformidade com o texto constitucional, a inviolabilidade de sua intimidade, honra e imagem. Constituem garantia clássica. Vem de tempos antigos.

As Ordenações do Reino – particularmente as Filipinas – vedava o ingresso das autoridades no domicílio das pessoas. Era determinação das leis do Reino, o que não impediu as atividades do Tribunal da Inquisição, jurisdição religiosa.

Após as vitórias das grandes revoluções ocidentais – a Inglesa, a Americana e a Francesa – e a chegada da Idade Moderna, os constitucionalistas de matriz liberal foram enérgicos na defesa da intimidade, honra e imagem. Esse movimento se reafirmou nos documentos do constitucionalismo contemporâneo.

Não há, pois, dúvidas a respeito da exigência constante da preservação desses importantes valores. Isso vale para todos os cidadãos.

A pergunta que se coloca é se a preservação desses valores universais se aplica extensivamente às personalidades públicas, ou seja, políticos, artistas, professores, jogadores de todos os esportes.

A resposta deve ser oferecida de maneira negativa. Todo aquele que se expõe aos olhos da comunidade, em razão das atividades que exerce, sofre limitação das garantias oferecidas ao comum das pessoas.

Se isso vale para as categorias apontadas, como mero exercício de explicitação, mais se amplia a exigência de publicidade quando se trata de político, aquele atua em nome da cidadania, em prol da cidade (*polis*), entendida como Estado.

O político não tem privacidade. Os seus negócios privados devem ser conhecidos. A origem de seus bens exige clareza. Não podem suas atividades públicas sofrer promiscuidade com as particulares.

Os seus filhos, genros, noras e netos, quando apanhados no aproveitamento da influência exercida pelo político integrante do clã familiar, também sofrem a mesma restrição das garantias concedidas à privacidade.

Agridem, eventualmente, à primeira vista, essa vertente da análise do tema. Deve-se, contudo, ter consciência que o político e sua vida pertencem à comunidade. Foi o próprio político que optou pela nobre missão de preservar a coisa pública.

A única justificativa do poder político é estar a serviço da coletividade. Jamais de si próprio ou de sua tribo. Todos os integrantes da cidadania têm o dever de vigiar os políticos, seus atos e fragilidades.

Eles – os políticos – não se pertencem. Por isto, precisam ser monitorados pelas pessoas comuns, destinatárias de suas ações. Ainda porque todo político deve saber que a honestidade é melhor que qualquer política.

Ora, forma de monitorar os políticos é a liberdade de expressão exercida pelos meios de comunicação. Todos eles. Os eletrônicos e os tradicionais como a imprensa.

Sem os veículos de comunicação – elos entre a sociedade e o Poder – não pode a comunidade exercer fiscalização e refletir sobre os votos que concederá nos vários pleitos em que confere a sua vontade.

Há, particularmente no caso dos políticos, a necessidade de ponderação entre dois valores: o direito à preservação da intimidade e aquele concedido à coletividade correspondente ao direito de ser informada.

Sem maiores especulações, coloca-se em posição sobranceira o direito da coletividade de ser informada sobre todos os acontecimentos verificados nos cenários públicos.

Nada é opaco na democracia. Tudo é expresso e público. O político, como agente democrático por excelência, não pode se furtar a escancarar todos os atos de sua vida, inclusive os privados.

Foi ele que optou pelo exercício do sacerdócio imposto a todos os agentes públicos e, de maneira mais acentuada, aos políticos possuidores de mandatos populares. Não podem contar com biombos. Suas vidas e decisões são públicas.

Estas são emanações do voto popular e, consequentemente, de parcelas da própria soberania nacional. O político que age como um aproveitador de seu cargo não merece proteção plena das garantias constitucionais.

Ele – o político – optou por uma missão nobre. Não pode fugir ao dever de franquear suas vidas e haveres à visitação pública, sob pena de levantar fortes suspeitas sobre seu modo de agir.

O Brasil está sendo passado a limpo. Alguns não perceberam ainda, especialmente os membros do Poder Judiciário, que, ao limitarem os meios de comunicação, prestam um desserviço à democracia e ferem o direito da coletividade em ser informada.

3 de agosto de 2009

Capítulo 66

Perderam a compostura

Os comportamentos dos demais parlamentos se pautavam pelas formas de agir dos senadores. Os brasileiros orgulhavam-se. Hoje, tudo mudou. O Senado precisa recuperar sua dignidade.

Há 186 anos – em 1823, portanto – instalava-se o Parlamento brasileiro, um dos mais antigos do mundo e de permanência contínua, salvo pequenos períodos de intervenções autoritárias.

A História Pátria pode ser acompanhada mediante estudos dos trabalhos legislativos. Tomem-se os anais do Senado e da Câmara Federal e estarão presentes todos os acontecimentos da vida política.

Momentos de grande significado cívico, quando parlamentares arriscaram suas vidas em defesa das instituições. Instantes em que a brasilidade se sobrepôs aos interesses regionais ou partidários.

O Parlamento sempre foi composto por personalidades diferenciadas, que se tornaram referência para a cidadania. Verdadeiros exemplos de compostura e elevado trato com os assuntos públicos.

Aconteceram exceções. Normais, entre pessoas. Mas a submissão à relevância do Parlamento e a importância de seus integrantes perante a sociedade sempre estiveram presentes.

O Senado, no Império e na República, na sua condição de casa de equilíbrio, mostrou-se continuadamente consciente de sua importância. Sabia – espontaneamente – ser guardião de valores cívicos.

O estilo de seus integrantes era sóbrio e composto, de acordo com a magnitude do cargo ocupado. Tudo, no Senado, respirava o bom ar da compostura pessoal.

Havia pecadilhos, certamente. De modo geral, contudo, no Império e na República, os valores se preservavam. Pertencer ao Senado qualificava a pessoa. Tornava-a diferenciada.

O Senado era referência. Os comportamentos dos demais parlamentos se pautavam pelas formas de agir dos senadores. Os brasileiros orgulhavam-se de seu Senado.

Podiam ocorrer mazelas. As aparências – ao menos – ofereciam parâmetros de comportamento. Nada de palavras vulgares. Muito menos baixo calão. O português, como idioma, era respeitado.

Tudo mudou. Hoje, em homenagem a data comemorativa, recita-se em inglês, desprezando-se o artigo 13 – logo o 13 – da Constituição que afirma ser o português o idioma oficial da República.

Os debates se assemelham a conflitos entre integrantes da má vida. Palavrões inaudíveis entre pessoas razoavelmente educadas. Acusações que ferem a moralidade administrativa.

Uso de aviões oficiais, próprios ou de empreiteiras, paira no ar apontando para um cenário de promiscuidade entre o privado e o público. Olhos esbugalhados indicando ira descontrolada.

Tudo isso poderia passar, eventualmente, despercebido em outros tempos. As comunicações eram canhestras. As notícias chegavam com grande atraso à sociedade.

Os intermediários dos acontecimentos – os vários órgãos da imprensa – distribuíam informações de acordo com a cor partidária que os orientavam. Agora, tudo é diferente.

Esqueceram os parlamentares que a televisão, o rádio e a internet são veículos de informação instantânea. Não há censura. Quer policial e, muito menos ideológica.

Aconteceu: o conhecimento da cidadania é imediato. Não há tempo para alterar a verdade. Esta aparece por inteiro perante a coletividade. Os críticos já não podem adoçar os acontecimentos.

Cada pessoa – em todos os pontos do território nacional – recolhe os fatos e realiza sua própria análise. Esta pode ter efeito benéfico quando da realização de eleições. Afastar os indesejáveis.

O eleitor – único senhor da vontade popular – poderá afastar os maus representantes das casas legislativas. Este é o efeito salutar. Existe outro, porém. Agora de natureza maligna.

Os jovens, os futuros cidadãos, que mau exemplo recebem de todos esses acontecimentos. Pensarão que a vida política não contém nenhum substrato cívico. É mero espaço para exercício de locupletamento.

Pena. O Senado precisa recuperar sua dignidade. Os senadores precisam se conscientizar que são observados por toda a gente. Demonstrações de machismo e prepotência não merecem respeito.

10 de agosto de 2009

Capítulo 67

Ouvintes alemães! *

Horrores do nazismo ou bolchevismo ainda rondam o imaginário das pessoas. Alguns desejam apenas conhecer os fatos, outros querem combater o ressurgimento dos totalitarismos. Uma minoria silenciosa pretende reviver as perseguições do Século XX.

O risco de rompimentos e do surgimento de lideres carismáticos é imenso. Hitler também parecia mera marionete. Tomou corpo próprio e vida. Como um golem, figura artificial e sem alma, tornou-se onipotente.

Os acontecimentos da Segunda Guerra Mundial despertam uma continua atenção das pessoas. A irracionalidade dos atos praticados antes, durante e depois do conflito excedeu à imaginação média.

As crueldades praticadas pelos conflitantes e, especialmente, pelos nazistas atingiram grau de insanidade própria de psicopatas sem qualquer sensibilidade ou escrúpulo.

Os horrores iniciaram-se com a perseguição às minorias étnicas ou religiosas e avançaram contra todos os adversários do regime. Bastava discordar das ordens do Chefe para o início das atrocidades.

---

* Thomas Mann. *Ouvintes alemães! Discursos contra Hitler (1940-1945)*. Rio de Janeiro: Jorge Zahar, 2009.

Todos sabem os flagelos cometidos pelos dois totalitarismos: o bolchevismo pardo – o nazismo –, e o vermelho. Foram impiedosos em agredir os opoentes. Uma só verdade deveria imperar.

Esse período da História, apesar da busca de esquecimento pelos governos sucessivos, encontra-se presente na mente das gerações. Demonstra essa realidade o interesse despertado por livros e imagens sobre a época.

Alguns querem se interar dos fatos dramáticos ocorridos. Outros desejam combater o ressurgimento dos totalitarismos. Uma minoria silenciosa pretende reviver as perseguições do Século XX.

Nunca – ou talvez proporcionalmente à Inquisição – tantas pessoas foram subjugadas ou liquidadas. De maneira racional, sem qualquer pudor. Tudo era permitido aos detentores do Poder.

A vida, a integridade física, a privacidade e os valores religiosos ou políticos desprezados pela máquina do Estado, centralizado e sem quaisquer limites. Tudo era admitido ao Poder.

Dentro desse contexto, é salutar a recordação de todos aqueles dias negros vividos pela humanidade, de maneira a não serem jamais esquecidos.

Entre os livros lançados, registrando episódios dos anos 1930/1940 encontra-se um pequeno exemplar contendo os discursos dirigidos por Thomas Mann, a partir das ondas longas da BBC, ao povo alemão.

As falas não possuem a densidade das grandes obras do escritor alemão, mas indicam com nitidez os acontecimentos e o amargor sentido por Mann ao se dirigir aos seus conterrâneos desde a Inglaterra.

Um dos discursos – o proferido em fevereiro de 1941 – analisa uma arenga de Adolf Hitler pronunciada no Palácio dos Esportes de Berlim. Como todo dirigente, em momento de apoteose mental, o ditador se excede.

Faz piadas. Graceja. Ri de seus adversários. Afirma que mente. Ele, no entanto, mente ainda mais. E ri. Não vê – ou não deseja ver – a realidade, prefere ironizar.

Utiliza o pronome "eu" às últimas conseqüências. Ele é o senhor poderoso que tudo pode e tudo domina. Não encontra limites à sua vontade. E o povo alemão aceita, entre aplausos.

As circunstâncias são outras. A maioria dos povos vive regida por regimes democráticos. Estes permitem o exercício da oposição. Assim é se lhe parece.

Na verdade, a democracia contemporânea vai se fragilizando. Os meios de comunicação concentram-se sob a direção de poucos. Os partidos políticos ideológicos desaparecem. Instalou-se uma geléia geral.

Tudo se assemelha. Não há diferenças de fundo entre as agremiações partidárias. Apenas os estilos se alteram. Confrontam-se, por vezes. Não indicam, contudo, posições diversas.

Uma pasmaceira se instalou no cenário político. Não se conflita. Acerta-se. Firmam-se acordos. Dividem-se benesses. Ninguém fiscaliza ninguém. Há uma vontade suprema indicando rumos: os interesses subalternos.

Atinge-se, sob o manto da democracia, a vontade única própria dos regimes totalitários e de seus co-irmãos, os regimes autoritários. O pensamento único domina.

Preocupa essa situação. Pensa-se viver em uma democracia, regime que permite a participação de todos. Na verdade, vive-se em uma plutocracia, onde alguns tudo podem. Os outros assistem.

Os costumes e os usos democráticos tradicionais se esvaíram. Os jovens já não atuam. Os adultos consomem. Os velhos lastimam. Ninguém defende idéias. Poucos lutam por valores.

Nessas condições o risco de rompimentos e do surgimento de lideres carismáticos é imenso. Hitler também parecia mera marionete. Tomou corpo próprio e vida. Como um golem, figura artificial e sem alma, tornou-se onipotente.

17 de agosto de 2009

Capítulo 68

Lição dramática

Há séculos pensadores e filósofos tentam captar e registrar a essência do bom governo. Mas nos últimos tempos só decepções e frustrações profundas. Esqueceram um bem insubstituível nas relações entre o governante e seu povo: a confiança.

As múltiplas culturas sempre procuraram atingir o bom governo. Pensadores e filósofos. Santos e pecadores buscaram captar e oferecer os atributos de um governo respeitável.

Na antiguidade ou nos tempos modernos, muitos se debruçaram sobre a tarefa de recolher os elementos próprios de um governo capaz de servir às demandas da comunidade.

Alguns imaginaram governantes dispostos a serem santos. Outros reconheceram a fragilidade moral das pessoas. Todos, contudo, não se afastaram do objetivo: captar e registrar a essência do bom governo.

Em tempos atribulados, como os contemporâneos, muitas das lições clássicas se perderam. Os governantes encontram-se sem rumos. Parecem naus sem timoneiros.

A transparência – própria da contemporaneidade – ainda não foi inteiramente absorvida pelos políticos como fator essencial ao bom desenvolvimento dos negócios públicos.

Imaginam-se, membros do Executivo e do Legislativo, reis absolutistas capazes de realizar as mais inconcebíveis ações, sem qualquer censura.

Violam a lei. Ferem os costumes. Agridem o patrimônio público. Enriquecem sem causa.

Pensam que tudo passará às trevas. Enganam-se. Nas democracias a publicidade é componente essencial da boa administração. Atos secretos e democracia não convivem.

Ainda mais. O caráter das personalidades públicas fica desnudo nos modernos instrumentos de divulgação. As fisionomias surgem por inteiro. As consciências emergem.

O rosto estampado na tela de uma televisão ou de um computador espelha todos os dados a serem analisados pela cidadania. O safado, debochado ou irresponsável é prontamente identificado.

Apesar dessas evidências, personalidades públicas, aqui ou alhures, parecem não se preocupar. Agem como malfeitores no interior de uma noite escura. Não possuem limites para suas ações.

Avançam no patrimônio público. Mentem. Afirmam e retrocedem. A palavra proferida – por vontade própria – é em hora seguinte esquecida. Imaginam que a opinião pública é formada por tolos.

É triste assistir integrantes do Executivo e do Parlamento perderem a dignidade com a rapidez do vôo de um pássaro. Quando parecem grandes em suas atitudes, estão escondendo a verdade.

Informam por vontade própria e guiados por vontade alheia desmentem suas próprias afirmações. É melancólico o espetáculo. Deixa seqüelas. Ninguém se mantém confortável em quadro de instabilidade moral. De desconfiança.

Os últimos tempos só trouxeram decepções. Frustrações profundas. A tergiversação tornou-se hábito entre políticos. A mudança de opinião traço vexatório da ausência de valores.

Esquecem esses atores políticos que os eleitores se encontram alerta. Devem recordar ensinamento de Confúcio, quando apontou para valor fundamental no exercício da ação política. Valor impostergável.

O mestre do pensamento oriental expôs, por meio de diálogo com seu discípulo Mêncio, que existe um bem insubstituível nas relações entre o governante e seu povo.

Não se deve avançar e, de pronto, registrar qual é este bem. É melhor recolhê-lo em sua própria versão histórica. Reproduzir o diálogo de Confúcio e Mêncio permite atingir o ápice da lição.

Uma vez um discípulo perguntou a Confúcio: "Quais são os ingredientes para um bom governo?" Ele respondeu: "A comida, as armas e a confiança do povo no governante".

Mas prosseguiu o discípulo: "Se fostes constrangido a renunciar a um entre os três ingredientes, a qual renunciarias?" "Às armas". "E se devesses eliminar a outro?" "Os alimentos", respondeu Confúcio.

"Ora, sem os alimentos, a gente morre!" Exclamou o discípulo.

Respondeu o mestre com segurança e firmeza: "A morte representa desde tempos imemoráveis o inevitável destino dos seres humanos, enquanto um povo que não tem confiança nos seus governantes é verdadeiramente um povo perdido".

A que lembrança leva esta lição?

24 de agosto de 2009

Capítulo 69

Que fizeram?

Os povos mantêm em seu subconsciente a imagem de determinados monumentos. Estes são registros mentais importantes, transferidos geração após geração. É uma pena que alguns administradores em nome da modernidade não levem isso em consideração.

Todas as cidades possuem áreas a serem preservadas. Cenários de eventos passados. Acontecimentos relevantes desenvolvidos no decorrer dos séculos. Nenhuma sofre exceção a essa regra.

As cidades européias – Roma, Londres, Paris, entre outras – marcam com documentos arquitetônicos significativos eventos, que, em variados tempos, sublinharam a História do Ocidente.

Há países que, em virtude da última Grande Guerra Mundial, tiveram que reconstruir monumentos de diferentes espécies. Palácios ou templos. Centros urbanos e regiões agrícolas. Essas reconstruções exigiram intensas e diversificadas buscas de documentos pretéritos.

Os puristas se atiram contra as reconstruções. Preferem uma área nua a edifícios reconstruídos. Estes seriam simulacros. Aproximar-se-iam de estelionatos arquitetônicos. Pode ser. Há, porém, mais a merecer reflexão.

Os povos mantêm em seu subconsciente a imagem de determinados monumentos. Esses são registros mentais importantes. Os seus traços são transferidos geração após geração. Indicam a própria identidade da comunidade.

Essa constatação levou à reconstrução de múltiplas obras existentes em cidades destruídas por guerras ou desídia de governantes ou pessoas irresponsáveis.

Na cidade de São Paulo, não foi diferente. A busca da modernidade levou prefeitos insensíveis a destruirem templos barrocos e outras edificações por todo o centro histórico e adjacências.

Importava abrir avenidas para automóveis. Remodelar a arquitetura. Conceder espaço para edifícios de discutível beleza arquitetônica. Já não valia preservar o velho barroco paulista. Simples e sóbrio.

Este – o barroco paulista – seria vulgar, menos grandioso, na cidade que ia se tornando a capital econômica do Brasil. Já não importavam as velhas igrejas que compunham o triângulo centro da cidade.

Salvaram-se algumas. Mero milagre. Permanecem com seus traços originais o Convento dos Franciscanos, no Largo de São Francisco, onde se situa a velha Faculdade de Direito, e a Igreja do Carmo, aos pés da Praça Clóvis Bevilácqua.

Nos últimos anos – graças ao então arcebispo, Cardeal Cláudio Hummes –, o ciclo perverso foi sustado. A Igreja da Boa Morte, um belo templo do início do Século XIX, mereceu primorosa restauração.

A Boa Morte localiza-se na antiga entrada da cidade, junto à Rua Tabatinguera, ponto alto que permitia o anúncio dos tropeiros que se aproximavam, vindos do porto de Santos.

Quando D. Pedro I, após a Proclamação da Independência, lá pelos idos do Ipiranga, aproximou-se do centro histórico de São Paulo, foram os sinos desse templo que o saudaram e festejaram o ato de libertação.

Outros templos não tiveram a mesma sorte. Por motivos políticos ou religiosos, foram confiscados pelo Estado e destruídos. Entre esses, o mais relevante caso é a Capela do Pateo do Collegio.

Pertencente à Companhia de Jesus, a velha capela teve a mesma sorte de seus titulares, os jesuítas. Estes foram expulsos pelos governantes e o templo por estes destruído.

No governo do prefeito Olavo Setubal, após múltiplos movimentos de opinião, a velha igreja dos jesuítas mereceu reconstrução. As antigas e poucas paredes que permaneceram foram preservadas e restauradas.

No seu interior, o que restara do altar principal, recolocado na posição primitiva, permitia ao visitante, com o auxílio da imaginação, restabelecer o passado.

Aconteceu, no entanto, o pior. A tola modernidade levou os administradores do templo reconstruído, a retirarem os elementos originais e a edificarem altar sem qualquer ligação com o passado.

Ainda agora, na Espanha, em um pequeno povoado, Enveny, pessoas escrupulosas reconstruíram o retábulo de uma igreja vendida há mais de cem anos por um padre em busca de dinheiro.

Longa pesquisa foi realizada. Consultados museus que mantinham fragmentos do velho altar. Com base nesses elementos, a reconstrução se verificou, o material utilizado: papel.

Aqui, nenhuma réplica ocupa a Igreja do Pateo do Collegio. Em seu lugar, arquitetura moderna em conflito com os traços do templo reconstruído. O que diriam os inteligentes jesuítas do passado?

31 de agosto de 2009

Capítulo 70

Liberdade para o novo espaço público

Uma esperança de concepção de um novo canal de comunicação surgiu com a aparição da internet. Talvez por isso a chamada reforma eleitoral procure cercear esse moderno e democrático meio de comunicação.

Uma revisão da legislação eleitoral encontra-se em curso no Parlamento. Após aprovação na Câmara Federal, a proposta legislativa foi encaminhada ao Senado Federal.

Essa Casa de revisão, na última quarta-feira, por sua Comissão de Constituição e Justiça, elaborou o relatório final. Este foi enviado ao plenário para deliberação dos senadores.

O texto a ser colocado em votação entrará em pauta no próximo dia 9 deste mês de setembro. Ele, apesar de sua pobreza, aborda assuntos relevantes na evolução da próxima campanha eleitoral.

Entre os temas causadores de maiores polêmicas, encontra-se a internet, um instrumento de comunicação que, ao somar internautas, criou a praça pública comum a todos os cidadãos.

Nunca os velhos tratadistas de ciências sociais poderiam imaginar que um dia toda a cidadania estaria reunida frente a uma tela iluminada, onde idéias e candidatos são expostos sem o alarido dos antigos comícios.

Já não se busca o palanque tradicional para expor pensamentos políticos e candidatos. Tudo se tornou simples. Nada de custosos aparatos e mobilizações. Basta um apertar de botões e explodem figuras e idéias.

Para atrair público, a televisão trabalha com o sentimentalismo e afasta qualquer possibilidade de vida inteligente nas campanhas eleitorais. Os candidatos são escondidos. Valem imagens piegas e promessas vazias.

A televisão tem horror à dialética. Suporta-se no emocional e para isso usa as imagens sem qualquer escrúpulo. Importa transmitir a mensagem emotiva. Criou um neopopulismo sem precedentes.

Em passado remoto, os caudilhos latino-americanos proclamavam: "com um balcão, faço uma revolução". Hoje, evoluíram. Querem um vídeo para ganhar uma eleição.

A par dessa realidade, um acontecimento mina paulatinamente a tiragem dos jornais informativos de elite. Já não se lêem os cotidianos. A vida apressada e as rádios com seus noticiários sufocaram a imprensa.

Apesar da qualidade de muitos órgãos da imprensa diária, a leitura de suas páginas torna-se escassa. Importa a imediatidade dos veículos eletrônicos. Ainda porque eles não exigem o ato de pensar.

Além de todas essas realidades, os jornais de partidos desapareceram. Não conseguiram suplantar os desafios da sociedade capitalista. Tudo custa muito dinheiro e os partidos estão sempre à míngua.

Essa situação é esdrúxula. Coloca-se contra princípio básico da democracia: a exigência da formação do conhecimento dos eleitores. Estes devem ser informados e levados a refletir.

Uma esperança de concepção de um novo canal de comunicação surgiu com a aparição da internet. Esta é democrática. Plural. Aberta a todos. Oferece textos escritos. Estes exigem cognição e reflexão.

Talvez por isso a chamada reforma eleitoral procure cercear esse moderno e democrático meio de comunicação. Limitar seus cenários. Vedar sua utilização para a formação da consciência do eleitor.

Um erro de natureza política e técnica. É impossível censurar a internet. Sua fonte geradora pode se encontrar instalada no território nacional ou no exterior.

Se no exterior, até a remessa de uma carta-rogatória e seu retorno, o período eleitoral estará findo. Caso utilize provedores nacionais, os tribunais eleitorais poderão ficar desmoralizados, tantas são as fontes de emissão.

Os *sites* de caráter comercial, os utilizados pelos partidos políticos ou ainda pela cidadania são os mais eficazes veículos de comunicação surgidos. Custo muito baixo – ou ausente – e utilização singela.

Cuidar da castração da internet é ato de quem não tem o que fazer. Aguarda-se que o plenário do Senado Federal, nesta semana, derrube todos os dispositivos inibidores da plena utilização da internet.

Em seus mais de quinhentos anos de existência, a partir da matriz européia, os brasileiros conheceram cerceamentos de todas as origens. Não pode essa triste sina permanecer em pleno Século XXI.

Proibir os internautas de conhecer, com liberdade, as novas formas de campanhas eleitorais, por meio da rede, é mais uma vez humilhar à cidadania. Já é tempo de se bloquear essa prática.

Liberdade plena para a internet!

É novo brado de milhões de possuidores de *desktops* e *laptops*. Querem navegar para se informar. Sem censura.

7 de setembro de 2009

Capítulo 71

Aviões e índios

A compra de novos aviões para a Força Aérea Brasileira não é assunto a ser decidido por uma só pessoa, ainda que o regime de governo seja presidencialista.

O Ano da França no Brasil não poderia terminar com maior presença. O presidente francês é recebido pelo seu homógrafo brasileiro com pompa e circunstância. Belos discursos e aquisição de naves de superfície e de profundidade.

Entre navios e submarinos, os dois estados nacionais realizaram negócios de grandeza considerável. Tudo importado da Galerie Lafayette de armamentos. Os brasileiros – desde sempre – gostaram do luxo francês.

Nos tempos da colônia, índios nativos foram exibidos aos reis da França e causaram grande alvoroço. As imagens chegaram até nós e demonstram a curiosidade da corte ao ver personalidades tão exóticas.

Foram além nas observações. Surgiu a figura do "bom selvagem" presente nos estudos políticos de intelectuais, até hoje, lidos e repetidos à exaustão em nossos cursos de Ciência Política e de Direito. Brasileiro adora copiar. Não gosta de criar sobre sua própria realidade.

Mais tarde, já na República Velha, as famílias patrícias – os fazendeiros de café ou os produtores de cana de açúcar – passavam longos períodos em Paris, em busca de descanso e aprendizado de maneiras refinadas.

Conta-se que muitos levavam suas esposas à Cidade Luz para que, lá, na civilização, nascessem seus filhos. Um orgulho. Para que não faltasse, entre as belezas européias, os costumes nativos, vacas de leite eram conduzidas nos navios de passageiros. Leite puro.

O Ano da França, apesar dos esforços de uns poucos persistentes "europeizados", não teve repercussão popular. O povão continuou sua vida. Subjetivamente captou que não era festa para nambu, onde jacu não pia.

O acontecimento ia percorrendo seu percurso sem brilho. Esse, no entanto, por motivos estranhos aos festejos – ou os festejos buscavam criar clima propício – vieram, agora, à tona em grande extensão.

Com alegria de criança ao ver brinquedo, as autoridades federais compraram navios e submarinos de origem francesa. Os presidentes trocaram brindes e saudaram o bom negócio. A amizade entre brasileiros e franceses foi comemorada com o tilintar de moedas.

Nem sequer, porém, a primeira dama francesa acompanhou seu marido em sua viagem às terras exóticas da América Latina. Certamente, preocupou-se com a ferocidade das antas e serpentes tropicais, sem recordar tatus e tamanduás.

Sarkozy chegou e partiu sem a companhia de Carla Bruni. Uma pena. Levou, contudo, bons acordos e excelentes vendas em seu avião presidencial. Assim, agem os bons vendedores. Não perdem tempo com o circunstancial. Valem apenas os interesses.

Ainda assim, tudo ia bem até que surgisse em cena a verdadeira alma gaulesa. O Ministro da Defesa da França, Hervé Morin, ao se referir aos aviões KC-390 produzidos pela nossa Embraer, a serem adquiridos pelo seu governo, os chamou de "carrinhos de mão voadores".

Menosprezou um meio de transporte produzido pela indústria aérea nacional. Feriu a imagem de uma das mais prestigiosas conquistas da indústria brasileira. Os aviões da Embraer voam por toda a parte, inclusive nos ares de países tradicionalmente produtores de bons aviões.

Essa frase e todos os demais episódios levam a uma conclusão indiscutível. A compra eventual de novos aviões para a Força Aérea Brasileira não é assunto a ser decidido por uma só pessoa, ainda que o regime de governo seja presidencialista.

Os especialistas de nossa aeronáutica, em decisões coletivas, são indispensáveis na ação de escolha do melhor equipamento. O tema precisa ser conhecido e discutido, inclusive, pelo Congresso Nacional.

Em matéria de indústria aeronáutica, os franceses ainda devem à opinião pública mundial explicação a respeito das falhas de seus equipamentos. O silêncio foi a resposta concedida a todos os usuários de transporte aéreo.

O Ano da França no Brasil merecia melhor epílogo. Um respeito mútuo entre os participantes. Palavras lançadas ao ar sem qualquer cuidado só podem provocar antagonismos. Ou desagrados.

Espera-se novo posicionamento do Ministério da Defesa da França. Soberba e arrogância não ficam bem na moderna diplomacia. Já se foram os tempos das ameaças de canhoneiro sobre os povos distantes.

As autoridades brasileiras precisam contar com discernimento para prosseguir nas negociações. Recolher e expor os motivos da aquisição de qualquer dos equipamentos disponíveis.

As Forças Armadas precisam ser reequipadas. Foram levadas ao sucateamento. Necessitam de novos equipamentos. A compra desses é tema para espertos. Não há como optar por escolha individual.

Muitos governos, no passado, mancharam suas biografias na compra de equipamentos. Em plena democracia, essas transações exigem transparência e, portanto, plena divulgação à sociedade.

Os festejos do Ano da França aproximam-se de seu final. Esse não pode ser amesquinhado por erros técnicos ou palavras malsãs. Seria um grande equívoco. Demonstraria que a clássica arrogância européia continua presente nos tempos contemporâneos.

14 de setembro de 2009

Capítulo 72

A urna

Poucos se lembram, mas a invenção da urna eletrônica mudou o rumo das eleições no País.

A literatura política estende-se por múltiplos cenários. Desde antigas épocas, muitos têm se dedicado a expor e analisar acontecimentos políticos. A corrupção eleitoral ao longo dos tempos. A presença constante de eleições por estas bandas.

Quando os colonizadores chegaram, entre seus primeiros atos, realizaram pleito para a escolha de vereadores na velha São Vicente. A Câmara Municipal implantada com a instalação do município levou à primeira eleição, lá nos idos de 1532. A urna, uma mera cabaça.

Eleições fechadas. Participavam apenas os homens bons, aqueles que possuíam um fogo – um fogão – na sede do município. Eleições, contudo, apesar de restritas ao voto censitário.

Prosseguiram os pleitos. Corrupção eleitoral sempre presente. Candidatos prestigiados, a exemplo dos magistrados durante o Império e a Primeira República.

A degola pelo parlamento dos adversários vitoriosos. Deformação inaceitável em uma democracia representativa. O parlamento pré-existente aprovava – ou não – os resultados eleitorais.

É fácil imaginar o que acontecia. Só eram homologados os amigos. Ao inimigo, o rigor da lei, conforme a velha tradição das oligarquias. Se já não bastassem as atas fraudadas. A eleição de bico de pena. Falseada por inteiro por mesários e juízes inescrupulosos.

O percurso do voto – apesar de todos os percalços – permaneceu intocável. Um único lapso, uma única solução de continuidade aconteceu durante o Estado Novo, fascista e autoritário.

Poucos anos – não mais de dez – e com a redemocratização de 1946 tudo voltou ao normal. Eleição para a escolha dos constituintes e dos legisladores.

Durante o regime militar, retirou-se da cidadania o direito de escolha direta dos membros dos Executivos federais, estaduais e de alguns municípios. Eleições mantiveram-se para todos os legislativos.

É, pois, edificante constar que a vida política nacional sempre se mostrou ativa e dinâmica – apesar dos desmazelos – no setor eleitoral. Esse fato mereceu análise profunda por autores respeitáveis.

Um tema, todavia, relativo aos instrumentos do voto não mereceu um estudo apurado. Ele é sempre esquecido. Desconhecido, apesar de sua importância. Mais que importância, indispensabilidade.

É instrumento silencioso, humildade. No entanto, é o próprio ventre da vontade popular. Claro que a referência é a urna, onde o voto é depositado e uma vez apurado declara a escolha dos eleitores.

A evolução da aparência física das urnas é impressionante. Desde as velhas urnas de lona, facilmente adulteradas, até as urnas de papelão, com idêntica fragilidade, a caminhada estendeu-se por muito tempo.

Chegou-se abruptamente à urna eletrônica. A sociedade não se apercebeu, de imediato, da conquista. No entanto, a urna brasileira é uma inovação notável.

Nenhuma democracia possui esse aperfeiçoamento de maneira universal. Nos Estados Unidos, em razão das peculiaridades de seu federalismo, onde a legislação eleitoral é local, a adoção é complexa e difícil.

Aqui, no Brasil, graças às inovações trazidas pelo Tenentismo, em 1930, quando se concebeu e se implantou a Justiça Eleitoral, foi possível universalizar a captação do voto por urna eletrônica.

Nas aldeias indígenas ou nos mais longínquos povoados do País, assim como nas grandes cidades, a pequena e ágil urna eletrônica recolhe com singeleza a vontade da cidadania.

Na última sexta-feira – dia 20 de novembro –, os presidentes e corregedores da Justiça Eleitoral reuniram-se em Brasília para os primeiros passos em direção ao pleito de 2010.

Apresentaram-se os resultados das atividades de vários grupos de trabalho que tentaram, por múltiplas maneiras, violar urnas eletrônicas. Apesar das tentativas, os resultados foram infrutíferos.

A boa e simples urna eletrônica adotada pela Justiça Eleitoral preservou-se íntegra e impoluta. Felizmente. Pode-se confiar, com referência ao instrumento captador de votos, que a futura eleição será exemplar.

Jorge Sampaio, então presidente da República Portuguesa, de passagem por São Paulo, após as eleições de 2006, declarou a convivas o seu orgulho pela presteza e limpidez dos resultados das eleições brasileiras.

Os brasileiros nem percebem, mas podem secundar a expressão de sensibilidade do presidente português. Há porque sentir orgulho do sistema de votação pátrio.

23 de novembro de 2009

Capítulo 73

Eleitores, a grande esperança

O eleitor precisa tomar consciência de sua importância. O voto conferido acertadamente pode levar o Estado a bons rumos.

A temporada de caça começou. Não se trata do velho hábito de matar inocentes animais. Felizmente. A temporada que agora se inicia tem outro objetivo. Mais nobre.

Começou a temporada de caça ao voto. O voto distingue duplamente o cidadão. Torna-o participante ativo da vida pública e, a uma só vez, responsável pelo bom andamento dos assuntos governamentais.

Votar não é tão-somente digitar alguns números em um computador minúsculo como a mais simples das calculadoras. É praticar opções entre vários candidatos e programas partidários.

O voto conferido com consciência pode levar o Estado a bons rumos. O voto aventureiro – dado por interesse e sem meditação – conduz a coletividade ao sofrimento e à desesperança.

Parecem obviedades. Elas, contudo, são marginalizadas por grande porção do eleitorado ativo. O resultado: parlamentos medíocres e executivos muitas vezes compostos por escroques.

A corrida pela conquista do voto começou. Os pré-candidatos a cargos eletivos já se movimentam. Aguardam as convenções partidárias. Os que buscam postos eletivos proporcionais criam pequenas esperanças.

Oferecem o céu na terra, se eleitos, no entanto, contarão com espaço para pequenos atos. Quase sempre carecem de força e dedicação para fiscalizarem a fundo o Executivo. Restam marginais.

Há exceções raras. Alguns parlamentares dedicam-se intensamente a boa consecução de seus mandatos. São poucos. Merecem respeito e atenção. Fácil acompanhá-los. As televisões públicas abrem espaços preciosos.

O mais estimulante – como acompanhar um jogo emocionante – é a eleição majoritária. Aquela em que governantes e senadores serão contemplados com mandatos eletivos.

Aqui é que exige atenção ainda maior da cidadania. Já é tempo de acompanhar as explanações dos futuros candidatos. Alguns procuram se omitir. Parecem fantasmas. Estão sempre escondidos.

Esperam os horários gratuitos do rádio e da televisão para aparecer e, aí, em monólogos aborrecidos, apontarem para suas qualidades e suas vidas passadas.

Outros, ao contrário, falam pelos cotovelos e agridem seus adversários com ou sem razão. São os boquirrotos. Respondem sem ser indagados. Encantam-se com suas próprias palavras.

A cidadania necessita ficar atenta. Seguir todos os candidatos – a cargos majoritários ou proporcionais – para medir o comportamento. A retidão mental. A veracidade de suas posições.

As democracias, por toda a parte, sofrem de uma enfermidade. O uso indiscriminado das várias formas de comunicação atomizou o conhecimento e fragilizou os juízos de valor.

Tudo parece possível e novo. Os marqueteiros desestabilizaram o mercado eleitoral. Tornaram o ato cívico em mera opção por um produto de aparência palatável.

O conteúdo não importa. Vale a mera aparência. Esse o grande drama das modernas democracias. As idéias foram substituídas pelas formas. Tem mais possibilidade de vitória a boa aparência do que o bom caráter.

Vive-se há mais de vinte anos em uma democracia plena. A liberdade de expressão é ilimitada. O acesso aos meios de comunicação sem barreiras, universal.

O que falta, então, para se atingir uma democracia digna? O eleitor tomar consciência de sua importância. Deixar de acompanhar figuras meramente carismáticas ou produtos de sistemas oligárquicos de qualquer natureza.

A par desta constatação, resta também crítica aos partidos políticos. Os seus órgãos dirigentes devem escolher bons candidatos. Não é o mero catador de votos que merece vaga nas chapas.

Esses, por vezes, possuem passado duvidoso e formas vulgares de captar votos. Aos partidos, exige-se mais atenção na formação de suas listas. Cabe-lhes o forte papel de recolher bons cidadãos.

Parecem ingenuidades de um utópico. É possível. As agremiações partidárias continuam agindo da mesma maneira. Os candidatos a operam como sempre o fizeram.

Resta a esperança. Esta se consubstancia nos eleitores. Poderão alterar os costumes políticos. Transformar uma democracia com pontos de fragilidade no melhor dos regimes.

28 de setembro de 2009

Capítulo 74

Não confundir alhos com bugalhos

A vitória de Lula ao conquistar as Olimpíadas de 2016 para o país com certeza influenciará as próximas eleições. Cabe dividir, porém, os dois cenários. O político e o esportivo. Os fascistas sempre se aproveitaram de grandes jogos para fixar suas vontades. Em uma democracia, o esporte deve apenas demonstrar a possibilidade de convivência entre povos.

A escolha da cidade do Rio de Janeiro para sediar as Olimpíadas de 2016 possui uma expressão imperceptível à primeira vista. Presidentes e reis procuraram a vitória.

Três países, entre os quatro dispostos a sediar os Jogos de 2016, lançaram seus melhores quadros na busca da vitória. Os Estados Unidos levaram à Copenhague o casal presidencial. Lá estavam Barack Obama e sua mulher, Michelle.

A Espanha não deixou por menos. O rei João Carlos, o primeiro ministro Zapatero e o dirigente da oposição. Raro espetáculo: espanhóis unidos, sem qualquer dissidência.

O terceiro país, representado com expressão, foi o Brasil. Uma grande comitiva, de acordo com os costumes nacionais, liderada pelo presidente da República, Luiz Inácio Lula da Silva.

Os discursos proferidos procuraram transmitir emoção. Obama apelou para a imagem de seu pai e acontecimentos de sua vida ocorridos em Chicago.

Os espanhóis desejaram causar impacto com referência a pessoas comuns e a Madri, cidade que abriga pessoas de múltiplas nacionalidades. O rei João Carlos falou e deixou os demais falarem.

As emoções, pois, constituíram o centro dos discursos de encaminhamento das respectivas cidades. Lula, no entanto, além da paixão brasileira contou com os êxitos econômicos do Brasil. Venceu.

Traz, pela primeira vez, à América do Sul os Jogos Olímpicos. Um feito. Duas grandes figuras internacionais se contrapuseram: Lula e Obama, com suas histórias de vida estimulantes.

Ambos desejavam obter êxito para uso junto aos públicos internos dos Estados Unidos e do Brasil. O presidente dos Estados Unidos não passa por bom momento. A oposição republicana trava seus passos.

Lula, ao contrário, encontra-se em seus melhores dias. O país se desenvolve e se expõe internacionalmente. A oposição conta com pequeno espaço para agir.

Ora, esse resultado político-esportivo incidirá sobre a campanha eleitoral do próximo ano? É indiscutível. Trata-se de mais um obstáculo a ser superado pelos candidatos oposicionistas.

Esses terão de buscar os pontos frágeis do atual governo. Eventualmente, não os encontrarão na figura do presidente. Mas, com segurança, poderão captá-los nos quadros inferiores da administração.

São conhecidas as falhas administrativas de muitos ministros de Estado. Maiores os erros das agências reguladoras e de setores da administração indireta.

O recolhimento de elementos para a campanha oposicionista, todavia, não será fácil. As vozes discordantes são poucas. Os desconfortos tradicionais da vida dos brasileiros têm espaços de esperança.

Exemplo gritante desse cenário foram as fugas de parlamentares para as legendas situacionistas. Ninguém imigrou para a oposição. É espaço incômodo.

Em época de eleições, o bom é ser governo. A oposição nunca foi confortável para os políticos nacionais. Bom mesmo é contar com o *Diário Oficial*.

Os jogos eleitorais que antecedem a 2016 serão disputados com diferença de oportunidades. De um lado, a poderosa máquina federal e, de outra parte, partidos contando unicamente com seus militantes.

A luta será desigual. Resta a sabedoria do povo brasileiro. Nunca entrega todo o poder a uma única facção. Divide os espaços de poder e as opções filosóficas.

Pode ser mero acaso, de qualquer modo feliz. Assim se pode conviver com diferentes personalidades e visões políticas sem causar malefícios para a vida social e econômica.

As Olimpíadas no Rio de Janeiro são motivo de satisfação para todos os brasileiros. Conquista de quem merece confiança dos demais povos. Demonstração de respeito à capacidade nacional.

Cabe dividir, porém, os dois cenários. O político e o esportivo. Os fascistas sempre se aproveitaram de grandes jogos para fixar suas vontades. Em uma democracia, o esporte deve apenas demonstrar a possibilidade de convivência entre povos.

5 de outubro de 2009

Capítulo 75

Os riscos do novo capitalismo

Surge no mundo a estranha figura do capitalismo chinês. Uma situação paradoxal, na qual convivem comunismo e capitalismo e o que interessa são os lucros do grande capitalista: o Estado chinês. Se não nos cuidarmos, essa moda chegará ao Ocidente!

Os últimos duzentos anos registraram o nascimento do capitalismo e sua ascensão à condição de regime econômico dominante. As formas de produção capitalistas superam as de qualquer outro sistema econômico.

No seu desenvolvimento, ocorreram inúmeros episódios de violência. Movimentos sociais dizimados a golpes de baionetas. Selvagens exigências impostas aos trabalhadores.

Menores submetidos a situações degradantes. Mulheres operando até o máximo de suas forças. Pessoas marginalizadas pelo desemprego e pela pobreza endêmica.

Ausência de possibilidade de expressão plena de vontade por parte dos trabalhadores. Leis severas – como as de Bismarck – sufocavam espaços mínimos de expressão e de reivindicações.

Restavam sempre, porém, lampejos de liberdade e, nesses espaços, paulatinamente, organizaram-se sindicatos e partidos destinados à defesa dos grupos sociais explorados.

Esses espasmos de liberdade permitiram o surgimento dos partidos sociais democráticos e – de maneira relevante – das agremiações comunistas. A par dessas conquistas, havia um conflito intelectual respeitável.

Podiam combatê-lo, mas os capitalistas permitiram a Marx se expressar e, assim, um rico debate de idéias progrediu por toda a Europa, particularmente na Alemanha.

Chocaram-se, posteriormente, as duas concepções de vida: a capitalista, veiculada pelos liberais, e a comunista expressa pelo aparelho de estado da extinta União das Repúblicas Socialistas Soviéticas.

A guerra fria foi período sensível e preocupante da História. A todo o momento, aguardava-se a explosão do conflito global. Esse poderia conduzir ao fim da humanidade, se usados os artefatos atômicos.

O comunismo real, após sessenta anos de vigência, desfez-se como uma bolha de sabão. Pouco restou. Os antigos comunistas escondem-se, hoje, em legendas anódinas e mais parecem sonâmbulos.

Conclui-se que o capitalismo em sua longa caminhada violou princípios fundamentais dos direitos das pessoas. Sufocou, muitas vezes, valores inerentes à dignidade humana.

Nunca, todavia, encerrou todos os espaços de liberdade. Aqui e ali válvulas de escape permaneciam abertas. Por esses espaços de liberdade, construíram-se doutrinas e implantaram-se os direitos sociais.

Por que essas recordações? Primeiro para demonstrar que o capitalismo conviveu com a liberdade por séculos. Utilizou-se da liberdade para permitir o desenvolvimento da sociedade.

Não procurava o capitalismo clássico apenas a busca de eficiência da produção e da preservação da possibilidade concorrência entre os agentes. Ou a procura de maiores lucros.

Respeitava – ainda que minimamente – a liberdade das pessoas. Aqui começa a divagação oportuna. Liberdade e capitalismo conviveram, entre situações de amor e ódio. Mas conviveram.

Agora, surge entre os agentes capitalistas a estranha figura do capitalismo chinês. Em uma situação paradoxal, convivem comunismo e capitalismo. O primeiro, sob a égide da ditadura do proletariado.

O segundo, o capitalismo à moda chinesa, utiliza métodos de produção tão degradantes como aqueles impostos pelos proprietários nos primórdios da Revolução Industrial.

Tudo é permitido. Explorar às últimas conseqüências a força de trabalho. Não importa os sacrifícios da população. Interessam os lucros do grande capitalista: o Estado chinês.

Capitalistas de todo o mundo uniram-se. Transformaram os centros produtivos da China em novas senzalas. O povo trabalha pela subsistência. Bloquearam a concessão de espaços de liberdade.

A eficiência – sempre tão almejada pelos detentores dos meios de produção – foi alcançada. Não importa a ausência de liberdade. Não comove a ausência de direitos sociais.

Ganhou-se em produtividade. Os custos de produção tornaram-se mínimos. Aí a vantagem. Aqui também o risco. As democracias representativas estão em crise. A China economicamente exuberante.

Amanhã, acadêmicos desavisados e políticos gananciosos poderão passar a defender a adoção do modelo chinês nas democracias ocidentais, hoje tão pouco operantes.

Ganharia a eficiência e a liberdade – tão incômoda para muitos administradores públicos – seria conduzida para o túmulo da História. Parece sátira. Poderá acontecer se não nos cuidarmos.

26 de outubro de 2009

Capítulo 76

Mudar para pior

O Supremo na atual forma de escolha de seus membros é um Poder aberto. Qualquer alteração apontaria para um verdadeiro e traiçoeiro golpe de Estado.

Os magistrados se reuniram. Tantos os problemas do Poder Judiciário... A máquina administrativa emperrada e obsoleta. Os servidores desmotivados e jamais reciclados.

Operam como nos tempos da colônia. Formalismos exagerados. Decisões postergadas. A busca da verdade processual arrasta-se indiscriminadamente.

O Conselho Nacional da Justiça esbraveja. Pouco adianta. As velhas práticas se eternizam. Busca-se mudar as coisas. Tudo permanece no mesmo lugar.

Quando os magistrados organizam um congresso, surge esperança. Algo novo deverá ser oferecido. Alterações processuais. Ritos mais expeditos.

Fim de recursos demasiados. Meras esperanças. Juízes de todo o Brasil reuniram-se em São Paulo. O tema mais elaborado diz respeito aos interesses da própria carreira.

Opuseram-se os magistrados à atual maneira de escolha dos ministros do Supremo Tribunal Federal. Acreditam que a indicação dos novos magistrados pelo Presidente da República é equivocada.

Esquecem que a prática encontra raízes na Constituição de 1891. Trata-se, pois, de princípio republicano tradicional. Contestá-lo indica forte traço corporativista.

Querem os magistrados a escolha de nomes pelo Supremo Tribunal Federal – uma lista sêxtupla – que seria remetida ao Chefe do Executivo Federal para a escolha de um nome entre os arrolados.

Erro. O Supremo deve manter sua independência. Não podem ingressar nos intrigados conflitos de interesses, paixões e vaidades próprios dos processos de indicação de nomes.

Ao Supremo basta a augusta tarefa de analisar temas superiores conduzidos as suas decisões. Ainda mais. Querem os magistrados que metade da Alta Corte fosse composta apenas por juízes de carreira.

Por quê? Há por todo o território nacional operadores do Direito – não magistrados – conhecedores das agruras sociais e dos entraves opostos à iniciativa privada.

Os magistrados recebem nos autos a verdade das partes. Não ingressam – e é bom que não o façam – no cotidiano da vida social e econômica da sociedade.

As cortes compostas de personalidades advindas de todos os setores são democráticas e arejadas. Mostram-se capazes de conviver com o diuturno. Não se acomodam. Buscam corriqueiramente o novo.

A atual composição do Supremo Tribunal Federal – integrada por apenas um magistrado – realizou mudanças significativas no cenário da interpretação constitucional.

Foi capaz de preservar a Constituição e interpretá-la de conformidade com novos momentos constitucionais. Esse episódio gratificante para a cidadania deve-se à eclética composição da Corte maior.

Nada de espaços exclusivos. Isso é próprio de tempos absolutistas, quando castas se preservavam e não abriam espaço para os de fora. O Supremo, na atual forma de escolha de seus membros, é um Poder aberto.

E, por ser aberto e arejado, não necessita de remendos. Deve ser protegido e preservado de acordo com as boas tradições republicanas. Qualquer alteração apontaria para um verdadeiro e traiçoeiro golpe de Estado.

Resta analisar a idade dos componentes da Corte Suprema. A idade mínima de trinta e cinco anos para integrar o Tribunal encontra-se dentro de parâmetros de bom senso.

Os jovens podem e devem ser escolhidos para ocupar altos postos da República. O constituinte de 1988 foi sensato em fixar a idade para ocupar os mais diversos cargos eletivos e de livre escolha.

O equilíbrio entre os mais jovens e aqueles com mais idade leva a uma posição de sensatez nem sempre encontrada nos mais idosos, muitas vezes deformados por costumes deformados.

Tantos problemas pela frente e os magistrados preocuparam-se com o que funciona bem e a contento. Seria oportuno que os juízes tivessem examinado os entraves administrativos encontrados pelos tribunais.

Essa a questão.

2 de novembro de 2009

Capítulo 77

Cinco de novembro/onze de setembro

Ao impor seus valores por meio da guerra e da violência, os EUA perdem sua paz e segurança. Percebe-se sem maior esforço a gravidade do episódio de Fort Hood.

O cinco de novembro é data a ser registrada na História dos Estados Unidos. Poderá, no futuro, ser mais significativa que o onze de setembro, o dia da queda das torres de Nova Iorque.

Nessa segunda data, em absoluta surpresa, aviões comerciais capturados por militantes lançaram-se contra o Pentágono e as duas torres. Um terceiro foi abatido pelas forças aéreas americanas.

Um forte golpe no moral do povo dos Estados Unidos. O continente jamais fora agredido por combatentes estrangeiros. Sempre pareceu intocável, em razão dos sistemas de segurança erguidos.

Quando o 11 de setembro parecia esmaecer no tempo, ocorre nova dramática investida contra os símbolos de poder dos Estados Unidos. Não se sabe a motivação do autor. Pode-se, porém, deduzir-se.

Ele, um major das tropas terrestres, sediado em base militar – considerada a maior de todo o mundo – lança-se contra seus iguais e dispara armas contra os companheiros.

Entre os princípios que regem a camaradagem entre militares, apresenta-se como essencial o da lealdade. O major Nidal Malik Hasan ao atirar sobre seus companheiros rompeu duramente o dever de lealdade.

No caso, agrava-se a situação. Não feriu apenas aos seus comandados e companheiros. Foi além. Agiu contra o país que jurou servir. Percebe-se sem maior esforço a gravidade do episódio de Fort Hood.

Ele não se encontra circunscrito à repetição da onda de violência que envolve o interior dos Estados Unidos nestes últimos anos. Em universidades, igrejas e lugares coletivos se matam sem qualquer pudor.

Essa sucessão de atos coletivos de agressão a inocentes, em si, mostra uma grave patologia. Uma sociedade enferma emerge em cada violência praticada.

Os estímulos das drogas – há quem queira liberá-las por aqui – a par da violência psicológica originária de um consumismo desenfreado que levou a sociedade norte-americana ao estado atual.

Lamenta-se. Os Estados Unidos, no decorrer de sua História, foi palco de acontecimentos fundamentais na evolução dos costumes e mecânicas políticas por todo o Ocidente.

Equivocou-se a cúpula do poder americano quando imaginou ser possível – pela força – impor seus valores a outros povos. Outros caminhos poderiam merecer utilização.

As comunicações, tão rápidas e eficazes do momento contemporâneo, poderiam evitar choques sangrentos ao permitir a divulgação de valores e práticas.

Optaram pela prática das cruzadas dos tempos medievais. Conquistar e destruir baseados em fé unilateral. Criaram um pandemônio por toda a parte. Desconsideraram a dignidade da outra parte.

Agora, pela segunda vez, no interior do próprio território, sofre ataque inusitado. O major atirador pode ter agido por impulsos meramente doentios. Um psiquiatra exausto do que ouvira de seus companheiros.

Pouco provável. A essa eventual fonte geradora de inconformismo brutal, soma-se o ódio à guerra sem objetivo nos confins da Ásia. Lá, tombaram exércitos acostumados a duros embates.

Ninguém sobreviveu nos rochedos do Afeganistão. Os seus habitantes protegem seu território como as mães a seus filhos. O desespero dos futuros combatentes, antes do envio àquelas paragens, é imenso.

É pouco, porém. É análise meramente linear. Um episódio anterior ao massacre merece reflexão. Por que Hassan vestiu-se com hábitos árabes antes de retornar à base?

Certamente, por um evidente simbolismo. Ele quis demonstrar com precisão sua fé religiosa e seu inconformismo ao vestir trajes identificadores de seus valores espirituais.

Os Estados Unidos ganharam guerras, mas perderam a paz em seu território. O excesso de presença de suas tropas por toda a parte levou a um desgaste inevitável.

Esperava-se um gesto soberano de Obama, detentor de Prêmio Nobel da Paz. Não aconteceu. Começa, agora, para o presidente democrata dura marcha para a impopularidade. Governar é ato difícil. Afronta, por todos os lados, interesses e, no caso, culturas antagônicas.

9 de novembro de 2009

Capítulo 78

USP: uma universidade de todos

No mundo inteiro, universidades representam um lugar de debates e areja-mento de idéias. Na USP, não poderia ser diferente. Aguarda-se, portanto, do novo reitor atenção especial ao seu grave problema: burocracia e os entraves que esta gera.

As universidades de todas as partes contam com longa e bela Histó-ria. Desde os tempos medievais, quando Bolonha foi fundada, até os dias contemporâneos grandes eventos aconteceram nas univer-sidades.

Muitos exemplos gratificantes poderiam ser apontados. Mestres que não se submeteram à violência da Inquisição em passado remoto, alunos que lutaram pela liberdade em passado próximo.

Há figuras símbolos em todas as universidades. Personagens que não se curvaram perante os poderosos. Esses conviveram com crápulas a servi-ço do absolutismo ou de ditaduras.

Contudo, o resultado final é sempre em favor da universidade. Ela sempre caracterizou um lugar de debates e arejamento de idéias. O silêncio na universidade indica enfermidade na sociedade.

A universidade brasileira, apesar de nova no tempo, não fugiu ao com-portamento de suas congêneres existentes na Europa ou nas Américas.

Quando dos trabalhos constituintes de 1823, instalados em seguida à Proclamação da Independência, um dos temas relevantes tratados pelos parlamentares constituiu-se na fundação de uma universidade.

O estado nacional que nascia necessitava de bons quadros operativos. A universidade podia fornecê-los. O sonho acalentado terminou por um motivo muito singelo: faltava dinheiro.

A ausência de pressupostos financeiros levou, quando do retorno dos trabalhos parlamentares, após a outorga da Constituição de 1824, à criação de duas escolas de Direito.

Instalaram-se as Faculdades de Direito de Olinda – hoje Recife – e a de São Paulo. Duas instituições que moldaram o pensamento brasileiro e a constante cultura bacharelesca do País.

Demorou – e muito – para finalmente se constituir uma universidade no Brasil. Espalharam-se institutos autônomos por todo o território. No entanto, a soma de todos os saberes, em um só lugar, não acontecia.

Algumas poucas experiências ocorreram no Rio de Janeiro e em São Paulo. Fracassaram. Muitos estudiosos creditam à longa espera os atrasos ainda existentes na nossa sociedade.

Pode ser. Contudo, uma reflexão em sentido contrário permite outra visão. As universidades surgiram para isolar os patrícios dos plebeus. Diferenciá-los.

Basta um singelo olhar para a América espanhola, onde as universidades são contemporâneas à chegada dos europeus, para se constatar que a evolução social nos países hispano-falantes gerou castas entre iguais.

Por aqui, os institutos isolados mostraram-se mais flexíveis e menos elitistas, apesar da clássica divisão entre livres e escravos, presente por essas terras por inaceitável espaço temporal.

Por que essas divagações? Motivo singelo. Aconteceram eleições para a reitoria na Universidade de São Paulo. Como em toda eleição universitária, os jornais da província longamente trataram do assunto.

É explicável. A USP não pertence a um específico Estado. Ela se apresenta entre as mais qualificadas universidades do Brasil, apesar de nova no tempo em relação às instituições estrangeiras.

À distância, todos admiram a Universidade de São Paulo. E com razão. Os seus quadros docentes contam com professores de renome, homens e mulheres dedicados e perseverantes.

Os seus equipamentos, em geral, são atualizados. As instalações boas para um país em desenvolvimento. O seu campus é amplo e urbanisticamente apreciável.

Esses registros podem levar a uma falsa conclusão. Tudo vai bem na USP. Não é bem assim. A burocracia asfixia os trabalhos universitários. Exige um esforço suplementar dos docentes. Desgasta-os.

Aguarda-se do novo Reitor – João Grandino Rodas – atenção superior sobre esse aspecto da universidade que vai reger: a burocracia e os entraves que gera.

João Grandino Rodas, personalidade contemporânea, conhece e conviveu com o mundo exterior à universidade e isso pode fazê-lo capaz de incentivar novas culturas no interior da USP.

Será bom e oportuno. Ganharão todos os que buscam a USP para freqüentar seus cursos em todos os graus. A universidade contemporânea não pode ser feudo de ninguém e nem sofrer ingênuas divisões internas.

16 de novembro de 2009

Capítulo 79

Os presidentes e a paternidade

Os colonizadores e as ordens religiosas impuseram impiedosamente seus costumes e modos de pensar. Passados quinhentos anos, foram vencidos. As aparências ruíram. A verdade começa a surgir por todas as partes.

A preocupação das ordens religiosas, quando chegaram a esta América, centrava-se em dois temas. Divulgar a fé cristã e, para que ela ingressasse no coração dos catequizados, afastar os pecados usuais nessas bandas. Os pecados eram diversos dos praticados por toda a Europa. A usura, desconhecida. A gula – salvo pela tenra carne humana – pouco usual. Nada se cobiçava. Tudo era de todos. O trabalho metódico ausente.

Restava um pecado – segundo a visão européia – comum a todos os humanos. O pecado da carne. Os índios copulavam com a alegria dos puros, sem culpas. Inocentemente.

Tudo espontâneo, sem qualquer traço de pundonor ou malícia. O corpo, dádiva espontânea da natureza, merecia contato com outro corpo ou outros corpos, como forma de agradecimento à existência.

As ordens religiosas assim não entenderam. Em todas as atitudes e atos dos índios, encontravam as mais tenebrosas faltas. Eles eram impedidos de tudo. Vida em comum, só de acordo com a ortodoxia religiosa.

Muitas bibliotecas de cursos de Ciência Religiosa recolheram os Manuais de Confissão da época da descoberta. Um horror. As perguntas dirigidas, durante as confissões, aos índios e índias aterradoras.

A imaginação dos missionários atinge níveis desproporcionais na diferença de valores existente entre os colonizadores e as populações autóctones. Nada parecido. Uns repletos de tormentos, os outros livres de censuras. O tempo passou. A visão da superfície apontou para a vitória dos colonizadores. Os costumes europeus, em sua aparente moralidade, foram impostos. Os índios confinados em aldeamentos.

Homens e mulheres separados durante as noites, após os longos dias de trabalho exigidos para cumprimento do preceito bíblico. Ganhará teu pão com o suor de tua face.

Aos imigrantes forçados que chegaram em uma segunda etapa – os negros – idênticas exigências foram impostas. Nada de comunhão de corpos sem finalidade de procriação. Pecado absoluto. Mortal. Inferno garantido. Uma aparente conquista da catequese diuturna dos colonizadores. Ganharam. Apenas, porém, aparentemente. Passaram-se séculos e tudo se assemelhava estabilizado.

Mero cinismo. Os usos e costumes dos ancestrais eram mais fortes. Romperam nos desvãos da sociedade. Esta, com o passar do tempo, retomou muito de seu passado remoto.

Antes, foi a Constituição de 1988 que concebeu institutos novos que refletem velhas práticas. A união estável ou a família monoparental refletem a aceitação de antigos hábitos sociais.

O fenômeno encontra-se presente em toda a América Latina. Das costas do Pacífico às do Atlântico, percorrendo os altiplanos andinos ou as terras baixas do Chaco, explodem as raízes de um passado que permanece.

Os colonizadores, passados quinhentos anos, foram vencidos. Acontecimentos excepcionais ocorrem em todas as latitudes. Não há exceção. Em quase toda parte, ocorre uma onda de declarações de presidentes ou antigos presidentes das repúblicas latino-americanas reconhecendo filhos fora dos preceitos impostos pelos arautos da colonização.

É interessante. Indicam essas declarações que, mesmo no vértice da sociedade, os costumes anteriores à chegada dos ibéricos permaneceram. Os corpos ainda dominam as mentes.

Os costumes mais livres deste continente encontram profundas raízes nos povos que aqui habitavam. Os esforços catequéticos encontraram terreno hostil.

Sobraram os hábitos ancestrais. Aparências ruíram. As notícias atuais, vindas de todas as partes, registram filhos de supremos magistrados, fora dos valores impostos. É fenômeno digno de melhor explicação.

Romperam-se as muralhas do constante cinismo oficial. A verdade começa a surgir por todas as partes. Cada pessoa analisará esse acontecimento de acordo com seus preceitos.

Não poderão, contudo, fugir de uma realidade. A América Latina está se situando em novo patamar. Muito longe dos atos de hipocrisia disseminados pelos conquistadores.

A verdade se sobrepõe ao cinismo. Venceu a ausência de culpa.

30 de novembro de 2009

Capítulo 80

Basta!

As campanhas eleitorais endoidecem os administradores públicos, particularmente após a instituição da reeleição. No exercício de seus altos cargos no executivo, as pessoas perdem o siso. A Reforma Política é indispensável. Novos institutos, mais severas penalidades precisam ser elaboradas.

Ver de novo. Sempre ver de novo o antigo espetáculo. Satura. Cansa. Enerva. O cenário muda. As personalidades se alteram. Os acontecimentos possuem outros contornos.

O conteúdo é sempre o mesmo: corrupção. Na vida pública, esse triste ato de se apossar do que é dos outros. Bens que pertencem ao público agregados a patrimônios particulares.

O corrupto é aquele que está podre. Degenerado. Perdeu-se moralmente. Perverte os valores morais. É o venal, excrescência no interior da sociedade. Figura indigna de conviver com os demais.

O corrupto, sob diferentes mantos, persegue a cronologia brasileira. Desde a chegada dos colonizadores, ele está presente. As técnicas podem se diferenciar. O conteúdo, o mesmo de sempre.

Levar vantagem em tudo. Começou em 1500 com ato puro de nepotismo. Escrivão da armada, o conhecido Pero Vaz de Caminha pede em favor de seu genro. Uma simples transferência para a Corte.

Não se sabe se o rei Manoel atendeu. Pelo sim ou pelo não, presume-se que foi atendido. O mau hábito começou. Ampliou-se. Hoje, netos e namorados de netas já obtêm benefícios.

Em épocas diferentes, a corrupção sofreu combates de personalidades destemidas. Gregório de Matos, o irônico baiano, combateu com sarcasmo os costumes de seu tempo.

Foi degredado para África. Voltou. Encontrou tudo igual. Novas críticas e novas penas. Foi afastado de todos os cargos que exercia. Perdeu mulher e fortuna.

Em Minas Gerais da época do ouro, anônimos levantaram-se contra um governador corrupto das Gerais. O fanfarrão Nemésio concedeu aos amigos favores. Foi execrado. Permaneceu.

Ainda na colônia, um jesuíta, apesar das dúvidas de autoria, ergueu-se forte contra a corrupção generalizada por todo o Brasil e acentuada no Maranhão e na Bahia.

Acabou respondendo perante o Tribunal do Santo Ofício da Inquisição. Sofreu. Defendeu-se, mas perdeu todas as honrarias que conquistara. Padre Antônio Viera é a personalidade que se ergueu contra os poderosos.

Não se deu bem. Assim por todos os ciclos da História pátria a degeneração dos costumes superou a luta pela dignidade no trato da coisa pública.

Tornou-se corriqueiro o explodir de escândalos. Agora, a fala de figuras agressivas nos meios contemporâneos de comunicação. A essência, contudo, continua semelhante à dos tempos coloniais.

A falta de caráter dos dirigentes públicos. Antes furtavam para amealhar patrimônio, agora se apropriam dos bens públicos com dois objetos: o de sempre, agregar patrimônio e concretizar campanhas eleitorais.

As campanhas eleitorais endoidecem os administradores públicos, particularmente após a instituição da reeleição. No exercício de seus altos cargos no executivo, as pessoas perdem o siso.

Enlouquecem. Só pensam em permanecer. Deixar o Poder? Nem pensar. O mais honesto dos mortais torna-se um perigoso facínora, um corrupto. É só observar, os grandes desmazelos ocorrem em períodos eleitorais.

Em anos de realização de pleitos ou naqueles que os precedem, explodem escândalos cada vez mais vulgares. Vai se caindo na escala da imoralidade. Os costumes em franca degenerescência.

Gritam os meios de comunicação. Falam as pessoas entre si. Os comentários apresentam-se amargos. Não poupam nenhum partido. Nenhuma personalidade.

Os políticos, que deveriam realizar o bem público, passam a merecer o desprezo da comunidade. Sofrem. Sentem-se desamparados, inclusive os bons e sérios.

Ora, essa situação não pode continuar. Só resta – em emergência – buscar uma saída. Enquanto não houver revisão moral profunda, que deverá ocorrer irreversivelmente, a sociedade deve se lançar em uma Reforma.

A Reforma Política é indispensável. Novos institutos, mais severas penalidades precisam ser elaboradas. Os atos desonestos são fatais para a sociedade. Oferecem péssimo exemplo para a cidadania.

7 de dezembro de 2009

Capítulo 81

Escravos em plena democracia

Os partidos políticos transformaram-se em núcleos de más práticas e piores exemplos. A legislação eleitoral, no cenário brasileiro, deveria adotar o candidato avulso ou independente.

Segundo pesquisa realizada pelo jornal espanhol *El País*, em toda a América Latina, o partido político coloca-se como a instituição menos prestigiada pela comunidade.

Em uma longa lista de instituições apresentadas à escolha da preferência e confiança das pessoas, as agremiações partidárias foram lançadas em último lugar.

Poucos admiram essa figura concebida, nos moldes contemporâneos, no fim do Século XIX e que foi, nos períodos posteriores, apontada como indispensável ao desenvolvimento da democracia.

Os partidos, em sua dinâmica interna, seriam formadores de práticas de convivência e favoreceriam o surgimento de líderes. Verdade em parte. Eles efetivamente permitem o surgimento de novas lideranças.

No entanto, uma vez estabelecidas, essas lideranças apropriam-se de todo o corpo partidário e sugam a seiva de todos os participantes da agremiação. Não há renovação de quadros ou de personalidades.

Basta ver os figurantes da política nacional. Salvo raras exceções, são sempre os mesmos. Nasceram com o fim do regime autoritário e, seguindo esse modelo, sufocam todas as novas esperanças.

Os partidos políticos – insubstituíveis na prática da democracia, conforme muitos autores – transformaram-se em núcleos de más práticas e piores exemplos.

Não há partido político intocável. Em todos, já ocorreram condenações pela Justiça Eleitoral ou comum. Se tanto não bastasse, muitos de seus integrantes sofrem investigações das autoridades policiais.

É grave o fato. Mais grave ainda é que essa situação afasta os bons das atividades políticas. A pessoa acostumada a viver de acordo com os bons costumes teme ingressar nestas aparentes escolas de maus hábitos.

Alguém dirá – vinculado aos estudos acadêmicos – que o partido político, apesar de todos os argumentos em contrário, repita-se, é indispensável ao desenvolvimento da vida pública democrática.

É possível. Esquecem, no entanto, que a democracia alterou-se profundamente desde o aparecimento dos atuais partidos. Surgiram – para o bem ou para o mal – as ONGs.

As organizações sociais permitiram o exercício da democracia, antes centrada unicamente na figura dos partidos, por meio desses grupos de pessoas que passaram a representar interesses e posições.

As atividades das organizações sociais não-governamentais apresentam-se de maneira permanente e não atuam, pois, tão-somente em períodos eleitorais ou pré-eleitorais.

Se tanto não bastasse, contemporaneamente a publicidade de todos os acontecimentos públicos é imediata e constante, graças particularmente ao rádio, à televisão e à internet.

A sociedade conta, pois, com instrumentos de grande eficiência para o debate de idéias e a concepção de políticas públicas. Já não se limita, para aperfeiçoar conhecimentos, aos velhos jornais impressos pelos partidos.

Houve época em que cada partido possuía seu próprio veículo impresso e, por vezes, as cidades eram inundadas de pequenos jornais de combate, aguerridos e transmissores de idéias e ideologias.

Tudo isso acabou. Salvo a internet, todos os veículos centram suas atividades em empresas regidas pelos valores econômicos e giram em torno da busca do lucro.

Isso impede, muitas vezes, a circulação de novos pontos de vistas e afasta, comumente, a crítica a personalidades e posicionamentos partidários. Não geram novas atitudes ou posições de vanguarda.

Tudo isso somado e acrescido – ainda uma vez da fragilidade partidária – faz com que o descrédito nos partidos e atividade política aumente, apesar da opção pela democracia, claramente apontada pelos povos latino-americanos.

O que fazer? A legislação eleitoral, no cenário brasileiro, deveria adotar o candidato avulso ou independente. Essse instituto permitiria que muitos se lançassem no jogo político, com o aporte de novas e autênticas idéias.

Uma vez eleitos, os candidatos avulsos deveriam formar blocos parlamentares. Os partidos políticos permaneceriam. Haveria, contudo, espaço para candidatos autônomos. Porém, sem o privilégio do monopólio eleitoral, que gera figuras dominadoras, verdadeiros *càpi* partidários, senhores de vontades e de vidas.

A cidadania deve ser livre de amarras de quem quer que seja. A candidatura avulsa romperia os grilhões partidários, violadores da autonomia de vontades. Forjadores de escravos políticos.

14 de dezembro de 2009

Capítulo 82

Reagir por vergonha

Compra-se tudo. O necessário e o supérfluo. O trabalho tornou-se acessório. Ganhar fácil é o que importa. Uma reação torna-se necessária pelo voto. Um surto de dignidade se impõe.

Aproxima-se o fim do ano. Muitas são as perspectivas para a análise retrospectiva do período. O avanço das pessoas economicamente deprimidas para patamares superiores. Um motivo de alegria.

A passagem pela grande crise financeira sem perdas maiores, salvo da dignidade daqueles empresários que se aproveitaram do momento para, ainda uma vez, avançarem sobre o erário público.

Agiram de maneira irresponsável. Utilizaram a matemática financeira – como hábeis mágicos – para gerar riqueza inexistente. Foram muitos. Todos conhecidos e comensais nas mesas de todos os governos. Grandes obras e maior presença de conhecidas personalidades – políticas e privadas – capazes de transitar por todos os governos, independentemente de cor ideológica ou posição filosófica.

A incoerência atingiu níveis inconcebíveis. Falou-se e omitiu-se com a leveza das folhas ao vento. Homens vividos, em anos, lançaram-se em esdrúxulas campanhas.

Religiosos tornaram-se agentes de vícios condenados por suas confissões. Já não se respeitam princípios, ainda porque os antigos valores se desfizeram e outros não foram criados.

Restou o consumismo. Compra-se tudo. O necessário e o supérfluo. Consome-se mais que o necessário. Há uma volúpia em volta do ter. Nada aponta para o ser digno e laborioso.

O trabalho tornou-se acessório. Ganhar fácil é o que importa. Quanto mais se sobe na escala econômica, pior o cenário. Dentro desse quadro devastador, a violência invade as cidades e suas ruas.

Uma reação torna-se necessária. Não dá para continuar. Um surto de dignidade se impõe. A afirmação aponta para uma carga de ingenuidade. Não é bem assim.

As sociedades, quando se encontram a caminho da decadência acelerada, reagem. Surgem novas formas de viver. Optam por novas figuras políticas. Buscam valores aparentemente superados.

A vergonha – apesar das aparências em contrário – ainda permanece na consciência das pessoas. A dignidade não restou castrada pelos ladrões de dinheiro público.

Muito menos por falsos heróis, quer de direita ou de esquerda. Já se reconhece quem agiu com coragem e desprendimento e aqueles que, em anos passados, se mostraram agentes do caos.

Estes – de direita ou de esquerda – ainda operam a política nacional. Levam o barco sem qualquer sentimento democrático. Falta-lhes afinidade e afetividade com as práticas democráticas.

Essas práticas são exaustivas. Exigem persistência. É caminhada com altos e baixos. Não há líder permanente e nem exercício do poder por todo o tempo.

Raros são os novos políticos no panorama brasileiro. A engrenagem partidária bloqueia o nascimento de novas lideranças. Permanecem os de sempre. Aos poucos, fenecem as oportunidades.

Resta uma pasmaceira indolente e sem qualquer criatividade. Aí os aproveitadores tomam de assalto as instâncias do Poder e passam a agir sorrateiramente ou desinibidos como assaltantes de estradas.

Resta a utopia. A crença imorredoura no aperfeiçoamento das pessoas e das sociedades. Apesar de todos os acontecimentos, avançou-se em conquistas sociais.

A política, como arte de dirigir comunidades, é a questão. Ainda não se aperfeiçoou nesses tristes trópicos. O mandonismo permanece. A vivacidade supera os bons comportamentos.

Tudo poderá mudar se todos passarem a exigir mais transparência e souberem escolher seus dirigentes. Não se vota de favor ou por mera simpatia.

O voto deve ser instrumentalizado para cortar cabeças e incentivar vocações. Não é mero apertar de botões. É muito mais. Trata-se de exteriorização de vontade íntima.

O ano de 2010 com suas eleições gerais – depois de duas décadas de plenas práticas democráticas – poderá impelir a sociedade a optar por novos caminhos e afastar os descalabros até aqui vivenciados.

Uma sociedade não pode manter-se para sempre moralmente enferma. Precisa reagir. Deverá fazê-lo em outubro. Pelo voto.

21 de dezembro de 2009

Capítulo 83

A ponta do *iceberg*

O intocável Papa é agredido em plena Basílica de São Pedro. Mais do que um desgaste da religião milenar, fica claro que os valores da natureza humana estão em plena erosão.

Há situações antes inconcebíveis. Algumas figuras do cenário político e institucional eram intocáveis até pouco tempo. Ninguém ousava atacar o Papa romano.

As pessoas – mesmo aquelas de credos contrários – conflitavam com os ensinamentos do Pontífice, mas jamais deixaram de respeitá-lo como pessoa e representante supremo de uma confissão religiosa.

Outros tempos aqueles. Eram tempos em que as velhas avós italianas ensinavam a seus netos: "O Papa fala com Deus". Procuravam indicar a sua aproximação com o Eterno.

Os velhos imigrantes, aqueles que chegaram ao Brasil quando da Grande Imigração, partiram da Itália após a divulgação dos documentos finais do Concílio Vaticano I, realizado no ano de 1870.

Nesse Concílio, a Igreja Católica centrou na figura papal a sua indivisibilidade e unidade, conferindo ainda ao Papa, a condição de condutor e chefe de todo o rebanho.

Muito, mas não o suficiente para se entender a responsabilidade que passou a recair sobre as posições tomadas pelos Papas, a partir de então. Com o Concílio Vaticano I, o Papa passou a ser considerado infalível.

Exatamente isso: o Papa é infalível. As suas palavras, em matéria de fé, não podem merecer qualquer contestação. São verdades. Imutáveis. Axiomas perfeitos. Não precisam comprovação. E basta.

Volta-se. Compreende-se, então, a posição daqueles velhos imigrantes. Simples e presos às tradições religiosas de suas terras. Chegaram imbuídos das verdades impostas pelos padres de aldeias a seus fiéis.

Esses ensinamentos extraídos dos púlpitos chegaram ao Brasil. Os netos dos operosos imigrantes aprenderam, por derivação, que o Papa fala com Deus, como impôs o Concílio Vaticano de 1870.

Os tempos passaram e, por todo o mundo, novas formas religiosas se introduziram. A racionalidade e a universalização da informação tornaram a relações religiosas mais abertas e complexas.

Nada mais é linear. Em todos os desvãos das palavras, encontram-se novas hipóteses de análise e de divagação. A sociedade já não recebe com simplicidade as doutrinas expostas.

Restou para muitos a fé inabalável de natureza pessoal. Mas muitos – quem sabe a maioria – estão sempre a indagar sobre os ensinamentos recebidos. Já não aceitam as palavras da autoridade como incontestáveis.

Indagam. Refletem. Contra-opinam. Uma sociedade insaciável, interrogativa, inquieta, já não aceita, como no passado, os ensinamentos das velhas avós: o Papa fala com Deus. Quer saber como e em que condições.

É a dúvida constante das sociedades ocidentais. O racionalismo conduziu às grandes conquistas científicas e avanços invulgares no cenário temporal. Deixou, contudo, um vácuo no campo espiritual.

É este vácuo que explode, por vezes, em atos inaceitáveis de violência e desamor. Na véspera deste Natal, em plena Basílica de São Pedro, monumento maior do catolicismo, aconteceu o inaceitável.

Uma jovem de vinte e cinco anos, nascida em plena Europa, de origem suíça, em movimento inusitado, pula como um felino e alcança o Papa em sua caminhada para o altar maior da Basílica.

Todos os meios de comunicação retrataram aquele gesto impensável por parte de uma civilizada européia. Foram parcos em explicações. Trata-se de uma jovem perturbada mentalmente. Apenas isso.

Explicação simples. Pueril. Seria necessário analisar o contexto religioso europeu, onde o número de não-crentes cresce assustadoramente. A fuga dos templos – de todas as confissões – é significativa.

A Europa – com todas as suas vaidades intelectuais – já não se percebe que suas velhas tradições estão a ruir. Deseja-se cristã e procura impedir o ingresso da Turquia na União Européia.

Não constata, porém, que dentro de suas fronteiras, os seus valores estão em plena erosão. As violências contra imigrantes e as ingênuas manifestações contra outras religiões cobram um preço.

Explodem gestos inacreditáveis de violência, como o perpetrado pela jovem suíça. Agride em momento superior da cristandade. Já não se respeita nada. Nem sequer as pessoas.

Termina melancólico o ano de 2009. Um acontecimento, em cerimônia religiosa, demonstra que a Europa está enferma. Gravemente enferma, apesar da empáfia de muitos europeus.

Na noite de Natal, em pleno Vaticano, como em outras recentes oportunidades, veio à tona parte do grave processo de perda de valores que corrói o cotidiano da Europa. Só não vê quem não quer.

Segunda, 28 de dezembro de 2009